UN GRAND

WEEK-END

LYON

LYON

Battre les pavés lyonnais, c'est fouler deux mille ans d'histoire. Au bas mot. Bien chaussé, laissez-vous mener de ruelles colorées en traboules mystérieuses, des ruines gallo-romaines au musée des Beaux-Arts. Se perdre, ici, devient un jeu : on passe d'une rive à l'autre, des bords de Saône aux berges du Rhône en quelques pas. On disait la ville endormie et tournée vers son passé, on la découvre en pleine transformation.

L'ÉQUIPE UN GRAND WEEK-END

Citadine ascendant épicurienne, Anne-Sophie Chatain-Masson arpente les rues lyonnaises à la recherche de nouvelles boutiques et d'adresses gourmandes pour notre guide et pour son blog, Mille Lyons. Installée à Lyon depuis 2001, elle connaît la capitale des Gaules comme sa poche et a toujours en tête l'adresse qu'il vous faut.

Yoann Stoeckel a réalisé le reportage photo du guide. Il a redécouvert la ville dans laquelle il a étudié et a été surpris par son renouveau. Retrouver les traboules de Saint-Jean, explorer le nouveau quartier de la Confluence, se lever à 5h du matin pour aller petit-déjeuner d'huîtres et de vin blanc aux Halles de Lyon font partie de ses meilleurs souvenirs.

Un Grand Week-end sur les réseaux sociaux

Suivez-nous sur *Facebook*, *Twitter* et *Instagram* **@Ungrandweekend**

Vous y trouverez nos photos coups de cœur, nos expériences uniques et surtout une réponse personnalisée à toutes vos questions.

Et si vous y contribuiez ? Nous aimons beaucoup voir nos guides en voyage : postez une photo de votre guide en situation et taguez-nous, nous partagerons les plus belles et récompenserons régulièrement les plus appréciées.

Les incontournables
DE LYON

LA BASILIQUE NOTRE-DAME-DE-FOURVIÈRE

Imposante, voire écrasante, la basilique est un chef-d'œuvre de l'architecture éclectique du XIXe s., elle fut bâtie par Pierre Bossan à la manière d'une forteresse. L'intérieur est à couper le souffle, mêlant styles gothique et byzantin, marbre et vitraux spectaculaires. Voir p. 23.

LE MUSÉE GALLO-ROMAIN ET LE SITE ARCHÉOLOGIQUE

Rendez-vous à Lugdunum, capitale des Gaules ! Sur la colline de Fourvière, l'imagination galope : spectacles et discours politiques semblent encore résonner. Abandonné dès le IIIe s., le site sert longtemps de carrière avant de disparaître peu à peu... Révélé lors de fouilles, il a retrouvé de sa splendeur et un peu de sa vocation originelle. Voir p. 25 et 27.

LA CONFLUENCE

Cap au sud de Lyon ! Ici, le quartier se métamorphose de jour en jour. Sièges d'entreprises, centre commercial, constructions d'architectes et espaces culturels, la Confluence est aujourd'hui un quartier vivant et animé. Voir p. 46.

L'INSTITUT LUMIÈRE

Découvrez les débuts du cinéma dans la demeure historique des frères Lumière, les inventeurs du cinématographe. Une véritable immersion dans le cinéma des années 1900 avec les films désormais cultes *L'Arrivée du train en gare de La Ciotat* ou *L'Arroseur arrosé*. Voir p. 87.

LES TRABOULES

Pousser une porte, franchir les couloirs du temps et en pousser une autre pour changer de rue, voilà ce que signifie « trabouler ». On dénombrerait près de 500 passages dans le Vieux-Lyon, qui vous feront découvrir des escaliers Renaissance et des cours intérieures privatives à l'abri des regards. Alors levez les yeux, et soyez discret ! Voir p. 40.

LE MUSÉE DES BEAUX-ARTS

L'ancien palais Saint-Pierre abrite les fabuleuses collections du musée des Beaux-Arts de Lyon. De l'Égypte ancienne à l'époque moderne, plus de 5 000 ans de création artistique (sarcophages, sculptures, peintures...) y sont exposés. Les salles du musée s'articulent autour d'une belle cour ombragée, ponctuée de sculptures. Voir p. 58.

LA PRIMATIALE SAINT-JEAN-BAPTISTE

La primatiale Saint-Jean-Baptiste a beau être l'une des plus petites cathédrales de France, elle n'en est pas moins extraordinaire. Sa construction, qui débuta au XIIe s., dura trois siècles, mais son style est cependant assez homogène. Voir p. 31.

LES MUSÉES GADAGNE

Dans ces murs Renaissance, les plus beaux du Vieux-Lyon, le musée d'Histoire de Lyon cohabite avec le musée des Marionnettes du monde. Ensemble, ils racontent les riches heures de la ville. Après la découverte des collections et des expositions temporaires, grimpez au dernier étage jusqu'aux jardins suspendus. Voir p. 36.

LE CENTRE D'HISTOIRE DE LA RÉSISTANCE ET DE LA DÉPORTATION

Antidote contre l'oubli, le Centre d'histoire de la Résistance et de la déportation est une source d'information exceptionnelle sur les heures les plus sombres de l'histoire lyonnaise, mais aussi française, pendant l'Occupation. Un centre qui ne pouvait exister qu'à Lyon, creuset des principaux mouvements de résistance unifiés par Jean Moulin. Voir p. 81.

LE PARC DE LA TÊTE D'OR

Ce parc, véritable poumon vert de la vie lyonnaise, a été conçu sur le modèle d'un jardin anglais. Il abrite un lac de 16 ha sur lequel il fait bon canoter, mais aussi un vélodrome, un parc zoologique datant du XIXe s. et un jardin botanique qui vaut le détour pour ses grandes serres emblématiques. Voir p. 77.

LES MUSÉES DES TISSUS ET DES ARTS DÉCORATIFS

Incontournables par la richesse et la beauté de leurs collections, ces deux musées sont nichés dans de somptueux hôtels particuliers. Cette visite plonge le visiteur dans un arc-en-ciel de matières chatoyantes. Voir p. 43.

10 expériences UNIQUES

SE PRENDRE POUR SHERLOCK HOLMES...

... dans un jeu de piste en plein air. Enquêtez sur la vie amoureuse d'Angel Lico et délivrez sa bien-aimée, ou attrapez les malfaiteurs qui sévissent dans le Vieux-Lyon. Dans les ruelles de la Presqu'île ou à Saint-Jean, sur la place Bellecour, dans les traboules ou autour de monuments méconnus, trouvez des indices ! (infos sur www.quiveutpisterlyon.com)

RIPAILLER JUSQU'À PLUS FAIM...

... dans les bouchons, où sont servies toutes les spécialités lyonnaises : tabliers de sapeur, quenelles de brochet, tétines de vache en persillade, cervelles de canut... (p. 122).

EN PRENDRE PLEIN LES YEUX...

... en sirotant un cocktail au Celest, situé au 32e étage de la tour Part-Dieu (à partir de 12 €). Une vue unique sur Lyon vous attend (p. 140) !

JOUER AU MARIN D'EAU DOUCE...

... à la barre d'un petit bateau électrique sans permis pour naviguer sur la Saône et voir la ville depuis les flots. Rafraîchissant (embarcadère quai Antoine-Riboud, darse nautique de la Confluence, A-B5, ☎ 06 60 37 88 15, http://cap-confluent.com).

RIRE AVEC GUIGNOL...

... et retomber en enfance en assistant à un spectacle du héros local au parc de la Tête d'or (p. 77), à la Croix-Rousse, ou dans le Vieux-Lyon avec la compagnie M.A. (p. 129).

SE CROIRE À VENISE...

...et prendre le vaporetto pour rejoindre le centre-ville depuis la Confluence. Pour 2 €, vous voyagez sur la Saône pendant un petit quart d'heure et découvrez Lyon sous un angle nouveau. Points de vue parfaits sur la Confluence, Saint-Jean et Fourvière (p. 189).

FAIRE SON CINÉMA...

... en visitant la maison des frères Lumière (p. 87), en s'offrant une toile dans les anciens hangars ou sous les étoiles (p. 17), en côtoyant les stars pendant le Festival Lumière (p. 17) ou en passant dans les coulisses au musée Miniature et Cinéma (p. 34).

ÉCOUTER PARLER LES MURS...

... peints, ils racontent bien des histoires comme ceux des Canuts (p. 74), de la Cour des Loges (p. 34) et du Cinéma (p. 82). D'autres rendent hommage à Tony Garnier dans son Musée urbain en plein air (p. 89).

PÉTARADER EN SOLEX...

... et visiter la Croix-Rousse autrement, avec le Brélon de Lyon (p. 72). Donner un coup de pédale dans les montées, puis s'arrêter boire un verre au bistrot pour mieux repartir. Au compteur : 30 km/h maximum !

DÉCOUVRIR LA CROIX-ROUSSE DES GOURMANDS...

... à travers un parcours en six étapes épicuriennes, salées et sucrées, pour découvrir les adresses incontournables des Lyonnais (Résa obligatoire sur www.savorfrance.com/food-tour-lyon, ☎ 09 70 40 70 59).

Un grand week-end SUR MESURE

Première fois à Lyon ?

Suivez notre programme pour ne rien rater des incontournables de Lyon... Le guide compte 12 quartiers répartis dans toute la ville. Évidemment, en trois jours, vous ne pourrez pas faire toutes ces balades. À vous de voir si vous voulez remplacer telle visite par une autre en fonction de vos centres d'intérêt.

PREMIER JOUR

➡ Montez en Ficelle jusqu'à la basilique de Fourvière (p. 23) et chantez sur la scène du site gallo-romain (p. 25).

➡ Descendez dans le Vieux-Lyon et entrez dans la primatiale Saint-Jean-Baptiste, l'une des plus petites cathédrales de France (p. 31).

➡ « Casse-croûtez » à la Limonade de Marinette (p. 32) avant de trabouler et de saluer Guignol aux musées Gadagne (p. 36).

➡ Pour la soirée ? Le Bouchon des Filles revisite les classiques lyonnais (p. 113).

DEUXIÈME JOUR

➡ Commencez votre journée par la visite du musée des Beaux-Arts (p. 58). Filez ensuite à la Croix-Rousse humer l'air de ce

quartier singulier et trabouler en descendant par l'amphithéâtre des Trois-Gaules (p. 67). Furetez dans les galeries d'art et chez les jeunes créateurs.

➡ Aiguisez vos sens aux Terrasses Saint-Pierre (p. 59) et enchaînez avec une balade shopping dans le Carré d'or, autour de la place Bellecour (p. 52), et autour de la rue Auguste-Comte. Terminez la journée aux musées des Tissus et des Arts décoratifs (p. 43).

➡ Au menu, ce soir ? Le bouchon Chez Hugon (p. 106) ou la cuisine gastronomique de Gaëtan Gentil (p. 109).

TROISIÈME JOUR

➡ En vaporetto ou en tram, gagnez la Confluence (p. 46) et musardez sur les quais devant La Sucrière (p. 48).

➡ Ensuite, direction le Centre d'histoire de la Résistance et de la déportation (p. 81) ou l'institut Lumière (p. 87), où vous pourrez déjeuner chez Marguerite (p. 121).

➡ En jambes ? Pédalez à Vélo'v (p. 188) sur les berges du Rhône jusqu'au parc de la Tête d'or (p. 77) avec, en option, le musée d'Art contemporain (p. 78).

Déjà venu ?

Vous connaissez déjà les incontournables de Lyon ? Des pentes de la Croix-Rousse à Villeurbanne en passant par le quartier des États-Unis, les visites alternatives ne manquent pas !

LA CROIX-ROUSSE (VISITES 7 ET 8)

Fief des canuts au XIXe s., le plateau de la Croix-Rousse se rejoint par un dédale de ruelles charmantes et populaires. En chemin, ne manquez pas l'église Saint-Bruno-les-Chartreux et le magnifique baldaquin de Servandoni (p. 67). Amusez-vous aussi à reconnaître les personnages historiques et les célébrités sur la fresque des Lyonnais (p. 68). Sur le plateau, admirez la vue depuis le Gros Caillou (p. 71) et découvrez l'histoire des canuts au musée qui leur est dédié (p. 72).

MONPLAISIR (VISITE 11)

Outre l'institut Lumière, le sud-est de Lyon héberge un beau musée à ciel ouvert : la cité Tony-Garnier (p. 89), avec ses fresques peintes sur les murs des immeubles et son appartement-musée des années 1930.

VILLEURBANNE (VISITE 12)

À quelques arrêts de métro du centre de Lyon, offrez-vous un coup d'œil vertigineux à la cité des gratte-ciel de Villeurbanne (p. 94). Encore un peu de temps ? Le Rize et l'institut d'art contemporain, tout proches, valent le coup d'œil.

LA PART-DIEU (VISITE 10)

Avant de repartir, ne manquez surtout pas les Halles de Lyon-Paul Bocuse (p. 83) pour remplir vos valises de quelques emplettes gourmandes. Et en cas de petit creux, vous trouverez tout ce qu'il faut sur place pour une pause gastronomique.

Fêtes
& FESTIVALS

Février

On Cartoon dans le Grand Lyon
Un festival de cinéma d'animation européen grand public fin février-début mars.
www.oncartoondanslegrandlyon.fr

Mars

Marché de la mode vintage
Une vraie fête populaire autour de la culture du vintage (mode, décoration et vinyles) avec une foule d'animations à la halle Tony-Garnier. Autre édition en novembre.
www.marchemodevintage.com

Quais du Polar
Au programme de ce rendez-vous du roman noir fin mars : rencontres, conférences et même enquêtes grandeur nature en pleine ville !
www.quaisdupolar.com

Mai

La Nuit des musées
Les musées ouvrent leurs portes gratuitement et tard dans la soirée et proposent de nombreuses activités.
www.lyon.fr

Nuits Sonores
Cinq jours de musique électro. Programmation de qualité.
www.nuits-sonores.com

Juin-Août

Les Invites de Villeurbanne
Les années impaires, en juin, un festival qui investit les rues de Villeurbanne pendant plusieurs jours avec concerts, spectacles, arts de la rue, théâtre...
www.invites.villeurbanne.fr

Les Nuits de Fourvière
En juin et juillet, les théâtres romains du site archéologique de Fourvière revivent, avec près de 60 spectacles : danse, théâtre, cirque, opéras, concerts.
www.nuitsdefourviere.com

Expositions temporaires

Pour connaître le programme des expositions temporaires, consultez en priorité les sites www.lyon-france.com et www.monweekendalyon.com, ou ceux des musées de la ville.

- Musée des Beaux-Arts : www.mba-lyon.fr
- Musées Gadagne : www.gadagne.musees.lyon.fr
- Musées des Tissus et des Arts décoratifs : www.mtmad.fr
- Musée d'Art contemporain : www.mac-lyon.com
- Centre d'histoire de la Résistance et de la déportation : www.chrd.lyon.fr
- La Sucrière : www.lasucriere-lyon.com
- Fondation Bullukian : www.bullukian.com
- Institut d'art contemporain de Villeurbanne : http://i-ac.eu
- Le Rize : http://lerize.villeurbanne.fr

La Fête des Lumières

La Fête des Lumières est née le 8 décembre 1852 lors de la fête de l'Immaculée Conception. De grandes manifestations étaient prévues pour l'installation de la statue de la Vierge sur la chapelle de Fourvière. Une pluie violente s'abattant sur la ville, on décida de repousser les célébrations ; mais les Lyonnais allumèrent lumignons et lampions sur les bords de leurs fenêtres. Aujourd'hui, autour de la même date, des artistes-éclairagistes lyonnais et européens transforment la ville, les immeubles, les places, les monuments en une gigantesque fresque colorée. Des scénarios spectaculaires sont projetés sur les façades, attirant près de quatre millions de visiteurs. www.fetedeslumieres.lyon.fr

Tout l'monde dehors !
De fin juin à fin août, des spectacles gratuits de musique, de théâtre, de cirque et de danse ont lieu dans les squares et les parcs de la ville.
www.tlmd.lyon.fr

L'été en Cinémascope
L'institut Lumière organise chaque été (fin juin-août) des projections le soir, en plein air, sur la place Ambroise-Courtois.
www.institut-lumiere.org

Septembre

Biennale de la danse, Biennale d'art contemporain
Les années paires, c'est la Biennale de la danse, les autres, la Biennale d'art contemporain. Compagnies et artistes internationaux font alors de Lyon leur capitale. Côté danse, un défilé chorégraphique envahit les rues (gratuit).
www.labiennaledelyon.com

Octobre

Festival Lumière
Ce festival de cinéma ouvert à tous est cher aux amateurs du 7e art. Le prix Lumière est remis chaque année à un artiste pour l'ensemble de son œuvre.
www.festival-lumiere.org

Les Toiles des mômes
Un festival de cinéma pour les enfants ! Des films, des ciné-goûters et ciné-contes à découvrir pendant les vacances de la Toussaint.
www.lestoilesdes momes.fr

Sens interdits
Tous les deux ans, ce festival de théâtre invite des artistes atypiques autour des questions de mémoire, d'identité et de résistance.
www.sensinterdits.org

Les Grands Concerts
D'octobre à mai, c'est le temps des grands concerts de musique baroque à la chapelle de la Trinité.
www.lesgrands concerts.com

Décembre

La Fête des Lumières
Lyon s'éclaire de mille feux le 1er week-end de décembre (voir encadré ci-dessus).
www.fetedeslumieres. lyon.fr

Marché de Noël
La place Carnot se transforme en village de Noël avec des producteurs et des artisans de la région.
www.marche-noel-lyon.fr

Visites

PAR QUARTIER

À SAVOIR

SE DÉPLACER

Nous avons découpé la ville en **12 petits quartiers** que vous pouvez tous visiter à pied. Pour vous rendre dans les quartiers un peu excentrés (le parc de la Tête d'or, la Confluence, Monplaisir, Villeurbanne), le tram et le métro vous permettront de gagner du temps.

LIRE LES CARTES

Chacune des visites est accompagnée d'un plan détaillé sur lequel nous avons placé tous les points d'intérêt du quartier. Les pastilles de couleur indiquent nos bonnes adresses de restos (orange), de bars (violet) et de boutiques (rouge). Le numéro de la pastille colorée correspond à celui attribué à chacune des adresses. Reportez-vous au chapitre concerné pour lire la notice de l'établissement.

NOS CONSEILS POUR LES PETITS BUDGETS

Il est possible d'apprécier pleinement Lyon malgré un budget serré. Profitez d'une visite gratuite de la ville avec un Lyonnais passionné (Greeter) qui vous fera découvrir ses spots favoris (p. 190). Le zoo du parc de la Tête d'or est gratuit et plusieurs événements rythment la vie culturelle lyonnaise tout au long de l'année : le festival Tout l'monde dehors (www.tlmd.lyon.fr), le défilé de la Biennale de la danse ou encore la célèbre Fête des Lumières... Enfin, le meilleur moyen de visiter la ville à petit prix est d'acheter la Lyon City Card qui donne un accès gratuit à de nombreuses attractions culturelles ainsi qu'aux transports en commun (voir p. 191). De même, guettez les "Week-ends fous de Lyon", des offres promotionnelles proposées par l'office de tourisme durant lesquelles la Lyon City Card et les nuits d'hôtel sont au rabais (p. 187).

LA FÊTE DES LUMIÈRES...

La Fête des Lumières se déroule chaque année début décembre et attire des millions de visiteurs. Pour l'occasion, les hôtels sont pris d'assaut et les tarifs grimpent. N'hésitez pas à réserver votre hébergement le plus tôt possible ! Plusieurs parcours pédestres sont organisés dans toute la ville pour apprécier au mieux la richesse des installations (voir www.fetedeslumieres.lyon.fr).

1 Fourvière, « LA COLLINE QUI PRIE »

Restos, bistrots p. 99 | Boutiques p. 149

C'est à Fourvière, en 43 av. J.-C., que Lugdunum - autrement dit Lyon - est née et s'est développée. Les ruines gallo-romaines, révélées et restaurées au début du XXe s., voisinent avec l'immense basilique qui lui a valu son surnom de « colline qui prie ». L'ensemble est classé Patrimoine mondial par l'Unesco depuis 1998.

❶ FUNICULAIRE★★

Surnommé la « Ficelle » par les Lyonnais, c'est le moyen le plus pratique pour rejoindre Fourvière depuis le centre-ville. Mise en service en octobre 1900, cette ligne donnerait presque le

vertige : sa déclivité maximale très importante (31 cm/m) rend la montée impressionnante.
Voir Carnet pratique p. 188.

❷ BASILIQUE NOTRE-DAME-DE-FOURVIÈRE★★★

Depuis l'Antiquité, la colline de Fourvière est le lieu symbolique de Lyon. Une première chapelle est bâtie en 1168. En 1870, les Lyonnais font le vœu d'étendre le sanctuaire si la ville est épargnée par les troupes prussiennes. La prière exaucée, la construction débute en 1872. Certains voient en elle un éléphant les pattes en l'air !

Un édifice symbolique

Confiée à l'architecte Pierre Bossan (1814-1888), cette citadelle mystique dédiée à la Vierge vient coiffer la colline de Fourvière telle une forteresse. Spécialiste de l'architecture religieuse, il conçoit alors un édifice aussi symbolique qu'une cathédrale. Le chantier démarre en 1872, les Lyonnais étant même invités à acheter des pierres. Au décès de Pierre Bossan, c'est son collaborateur, Louis Sainte-Marie-Perrin, qui poursuit l'édification de la basilique, finalement inaugurée en 1896. Posée au bord de la colline, elle domine la ville de son

imposante silhouette (86 m de long, 35 m de large, 48 m de haut).

Mélange de styles

L'intérieur, à couper le souffle, est une débauche de styles où le gothique s'associe au byzantin, les marbres de couleurs voisinent avec les mosaïques et les vitraux majestueux. Le résultat est hétérogène mais, du plan jusqu'au programme iconographique, rien n'est laissé au hasard. Chaque élément vient illustrer le triomphe du Bien sur le Mal. Remarquez qu'à l'extérieur, cette forteresse est gardée par des anges armés, tandis qu'à l'intérieur, ils jouent de la musique. Sous la statue de saint Michel Archange, sur le dôme de la basilique, se trouvent, dans une verticale parfaite, la colombe du Saint-Esprit, puis la Vierge et enfin, dans la crypte, le gisant de saint Joseph. Ainsi Marie intercède-t-elle entre le Ciel et la Terre. Ne manquez pas les six mosaïques murales retraçant la bataille de Lépante, l'arrivée de saint Pothin à Lyon, de Jeanne d'Arc à Orléans… Quant au grand orgue, il a été construit par Michel Merklin en 1896.

Sur les toits

Une autre façon de découvrir la basilique est de suivre les guides bénévoles lors de la visite insolite menant sur ses toits : on découvre d'abord la nef en enfilade depuis la grande tribune, le cabinet des architectes, la galerie des Anges, les combles, le grand carillon enfin avec ses 23 cloches. À l'extérieur, perché sur la terrasse Saint-Michel ou l'Observatoire, vous pourrez voir toute la ville et jusqu'au mont Blanc par beau temps.

Pl. de Fourvière • ☎ 04 78 25 13 01 • www.fourviere.org • T. l. j. 7h-19h • Accès libre.

❸ MUSÉE D'ART RELIGIEUX*

Pierres, objets liturgiques, pièces d'orfèvrerie des XIXe et XXe s. issus des plus grands ateliers de l'époque… Ce musée présente le trésor de la basilique constitué par les dons des Lyonnais, ainsi que des expositions temporaires aux thématiques variées.

8, pl. de Fourvière • ☎ 04 78 25 13 01 • www.fourviere.org • T. l. j. 10h-12h30 et 14h-17h30 • Entrée plein tarif : 7 €.

❹ PARC DES HAUTEURS**

De la basilique, une jolie balade entre jardins et vergers offre de beaux points de vue sur la ville, surtout depuis la passerelle des Quatre-Vents. Après le jardin des Pivoines, le chemin mène au cimetière de Loyasse. Sur la route, des moutons d'Écosse entretiennent les pelouses ! Les plus sportifs se balanceront de branche en branche sur les parcours acrobatiques du parc **France Aventures** (résa au ☎ 04 78 36 31 75 ou sur www.france-aventures.com).

Chemin du Viaduc.

❺ TOUR MÉTALLIQUE*

On la voit de partout, mais elle ne se visite plus car elle sert aujourd'hui de relais radiotélévision ! Construit à l'occasion de l'Exposition universelle de 1894, ce phare est juste un peu plus haut que la basilique car il était alors impensable qu'un monument religieux en remontre à la République ! À l'époque, on pouvait s'y restaurer et admirer Lyon du haut de ses 86 m.

Montée Nicolas-de-Lange.

❻ MUSÉE GALLO-ROMAIN***

Inauguré en 1975, le Musée gallo-romain frappe par sa modernité, habillé de béton brut par l'architecte Bernard Zehrfuss (on lui doit aussi la tour du CNIT de La Défense). Intégré dans la colline, il est presque invisible, à l'exception de deux « canons à lumière » qui affleurent les pentes. Une rampe hélicoïdale permet de remonter le temps : le visiteur, tel un archéologue, descend alors vers les strates les plus anciennes. Lyon y dévoile ses origines, sa richesse économique et religieuse de l'Antiquité à l'époque chrétienne. Ses collections, les plus riches de France, comptent sculptures, mosaïques, stèles, amphores, verres et objets de la vie quotidienne... Ne ratez pas la table Claudienne (p. 28), la mosaïque du Cirque et le calendrier gaulois, des incontournables.

Une collection rare

Les collections réunissent près de cinq siècles de découvertes racontant l'histoire de la capitale des Gaules. On y admire statues, mosaïques, stèles, sarcophages, verres... trouvés à Lyon ou dans la région. Parmi les pièces maîtresses, la **table Claudienne** (p. 28) reproduit dans le bronze le discours prononcé en 48 par l'empereur Claude devant le sénat romain : il intervenait en faveur des Gaulois réclamant des droits égaux à ceux des citoyens romains. Le **calendrier gaulois** « luni-solaire », exceptionnel, est le plus long

❽ Pour un verre en hauteur : Le Phosphore, restaurant et bar à vin★★

Accroché à flanc de colline, le bâtiment moderne est un trois-en-un. D'un côté, la célèbre table gastronomique **Têtedoie,** de l'autre **Le Phosphore,** restaurant et bar à vin, et enfin **La Terrasse de l'Antiquaille** ouverte dès les beaux jours. Au Phosphore, déco tout en noir, sûrement pour mieux voir les crus (verre à partir de 5 € ; charcuterie : env. 12 €).

Montée du Chemin-Neuf • ☎ 04 78 29 40 10 • www.tetedoie.com • T. l. j. 12h-14h et 19h30-22h (tapas jusqu'à 23h, bar ouv. jusqu'à 1h).

document connu en langue gauloise. Enfin, la **mosaïque du Cirque** révèle la popularité des jeux, et en particulier des courses de chars.

17, rue Cléberg • ☎ 04 72 38 49 30 • www.museegalloromain.grandlyon.com • Mar.-dim. 10h-18h • Entrée plein tarif : 4 € musée, 7 € musée et exposition.

❼ SITE ARCHÉOLOGIQUE★★★

Voyage dans le temps garanti sur ce site impressionnant ! Ce théâtre romain de 15 av. J.-C. - l'un des plus anciens de Gaule - pouvait accueillir jusqu'à 11 000 spectateurs. Large de 108 m, il était autrefois entouré de portiques et orné de statues. Déclamez un vers au milieu de la scène, l'acoustique est étonnante. À côté, l'**odéon,** plus tardif (vers 100) et plus petit (3 000 places), était réservé à la musique et aux déclamations. Son pavement, réalisé avec les plus belles pierres de l'Empire (porphyre vert de Grèce, granite d'Égypte, marbre jaune d'Afrique...), laisse imaginer la beauté de l'ensemble. Ces deux scènes revivent chaque année lors des Nuits de Fourvière (p. 16). Les thermes se trouvent au bas de la colline, derrière les immeubles du 5, rue des Farges.

17, rue Cléberg • ☎ 04 72 38 49 30 • www.museegalloromain.grandlyon.com • 15 avr.-15 sept. : t. l. j. 7h-21h (3 juin-2 août 7h-18h) ; 16 sept.-14 avr. : t. l. j. 7h-19h • Accès libre.

« La Rome des Gaules »

Si les Romains ont donné le nom de Lugdunum à la ville en 43 av. J.-C., ils ne sont pas les premiers à avoir occupé ce territoire. D'après les fouilles, on sait que le site longeant la Saône a été habité sans interruption depuis le mésolithique, c'est-à-dire depuis près de 10 000 ans. Mais rendons à César ce qui est à César : c'est sous son autorité que la ville s'édifie et se développe.

LES ORIGINES DE LA VILLE

La ville doit son développement au Rhône et à la Saône, deux cours d'eau qui lui permettent de commercer avec les pays méditerranéens et les territoires du Nord. Dès 600 av. J.-C., des céramiques grecques et du vin sont importés de Marseille. Des fouilles ont permis d'attester que près d'un siècle avant la conquête romaine, un important centre économique et politique s'était développé sur la colline de Fourvière. C'est à cette époque que naît Lugdunum, la « colline de Lug », dieu celtique du Soleil vénéré par les Gaulois, ou « colline de la lumière » selon les interprétations étymologiques.

LA FONDATION DE LUGDUNUM

On la doit en 43 av. J.-C. à Lucius Munatius Plancus, lieutenant de Jules César et gouverneur de la Gaule. Il édifia la cité et ses bâtiments administratifs sur la commune de Fourvière, où quelques marchands s'étaient déjà installés. Mais c'est Auguste, lors de son passage vers 15 av. J.-C., qui donne à la ville son titre de « capitale des Trois Gaules ». Les gouverneurs des provinces romaines de Belgique, d'Aquitaine et de la région lyonnaise y siégeaient et, chaque année, le Conseil des Gaules réunissait les délégués des soixante nations gauloises pour prêter serment de fidélité à Rome et à l'empereur. À cette occasion, des cérémonies religieuses, des jeux, des concours d'éloquence avaient lieu dans **l'amphithéâtre de la Croix-Rousse** (p. 67) qui pouvait accueillir jusqu'à 20 000 spectateurs.

La table Claudienne

En 48, l'empereur Claude prononça devant le sénat romain un discours accordant aux chefs des nations gauloises l'éligibilité aux postes de la magistrature romaine et au Sénat. Pour commémorer l'événement, le texte fut gravé sur une plaque de bronze. La partie inférieure fut retrouvée en 1528 dans la vigne d'un drapier, sur les pentes de la Croix-Rousse, là où se trouvait probablement le sanctuaire fédéral des Trois-Gaules. Elle est visible au Musée gallo-romain (p. 25).

LE MARTYRE DES PREMIERS CHRÉTIENS

Jusqu'au milieu du IIe s., la ville connaît la prospérité et s'étend sur les deux rives de la Saône. La population, estimée à 100 000 habitants, est constituée de Gaulois, de Romains et d'Orientaux. Dédiée au culte officiel à Rome et Auguste, Lugdunum tolère d'autres cultes dont celui des chrétiens, de Cybèle et de Dionysos. Mais, en 177, sur la décision de Marc Aurèle, la petite communauté chrétienne est persécutée : si son premier évêque, saint Pothin, meurt en prison, sainte Blandine et d'autres chrétiens sont livrés aux animaux dans **l'amphithéâtre des Trois-Gaules** (p. 67).

DÉCLIN

En 197, Lyon fait un mauvais choix politique en prenant le parti de Clodius Albinus, gouverneur romain de Bretagne, contre Septime Sévère, qui sort vainqueur de la bataille de Lyon et livre la ville au pillage de ses troupes, engendrant de grandes destructions. À partir du IIIe s., les invasions germaniques coupent les voies de communication et entraînent le déclin économique de la ville.

LA « SECONDE ROME »

Après le baptême de Clovis (498), Lyon profite du développement religieux et ce sont les prélats qui dirigent la ville, lui redonnant son lustre en bâtissant l'église de Saint-Just, **l'abbaye d'Ainay** (p. 42) et celle de l'Île-Barbe. En remerciement, le pape Grégoire VII décerne en 1074 le titre de primat des Gaules à l'archevêque de Lyon - titre qui se perpétue jusqu'aujourd'hui -, marquant l'importance historique de ce siège épiscopal. La ville entretient alors des liens étroits avec Rome : cinq souverains pontifes y passèrent entre 1095 et 1132 et les premiers papes d'Avignon furent même couronnés à Saint-Just.

REDÉCOUVERTE D'UN PORT ANTIQUE

En 2003, en creusant le parking Saint-Georges, six barques d'époque gallo-romaine des Ier et IIe s. furent mises au jour, ainsi qu'un ponton en bois construit sur pilotis, des statues et des objets usuels. Ces bateaux à fond plat, mesurant de 11 à 15 m, étaient destinés au transport de marchandises.

2 Saint-Jean, LE VIEUX-LYON

Restos, bistrots p. 99 | Bars, clubs p. 129 | Boutiques p. 149

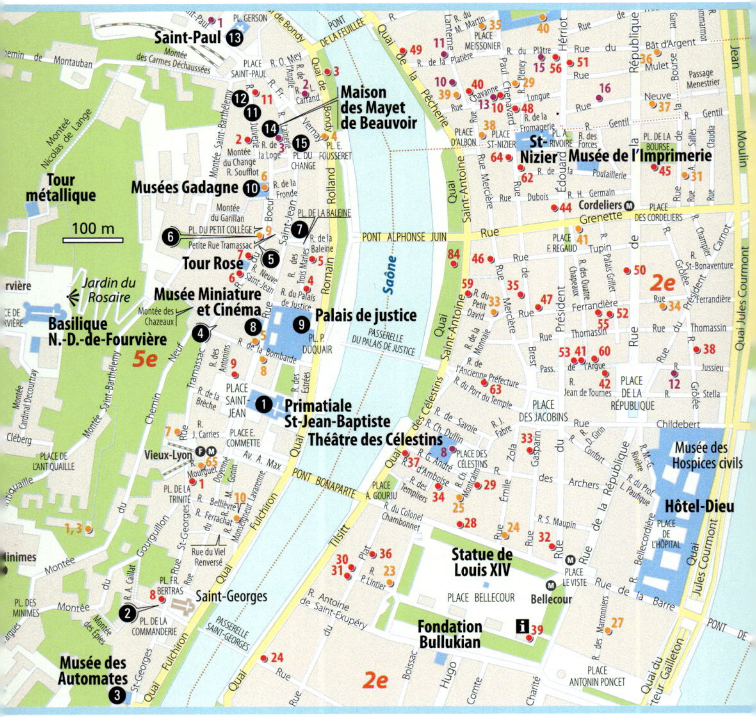

Au pied de la colline de Fourvière, le Vieux-Lyon est l'un des plus vastes ensembles Renaissance d'Europe. Sur 25 ha, ses ruelles et pavés résonnent de l'histoire de la ville - et des pas des touristes. Un conseil : chaussez-vous bien et gardez les yeux grands ouverts, c'est un vrai spectacle !

❶ PRIMATIALE SAINT-JEAN-BAPTISTE★★★

Admirez cette belle façade coiffée d'une fenêtre ouverte sur le ciel. Construite entre les XIIe et XVe s., cette cathédrale tient son nom de l'archevêque de Lyon, primat des Gaules. Si elle est un joyau de l'art gothique, son chœur, qui abrite la cathèdre, le trône pontifical de l'archevêque de Lyon, est roman. En raison des travaux de restauration intérieure, certaines parties ne sont pas accessibles.

Les vitraux

Les verrières les plus importantes, du XIIIe s., se situent dans l'abside, avec, au centre, le vitrail de la Rédemption illustrant les principaux épisodes de la vie du Christ.

Les autres verrières sont consacrées à des saints, tels saint Jean l'Évangéliste et saint Lazare. La grande rosace de la façade date

de 1392 : elle présente l'Agneau pascal entouré de la vie de saint Jean-Baptiste et de celle de saint Étienne. La rosace du transept sud, dans les tons violet et vert, représente l'histoire des deux Adam. Elle se divise en deux parties, l'une consacrée à Adam et Ève, l'autre au Christ et à Marie ; celle du nord, dans des couleurs chaudes, montre le Christ entouré d'anges.

L'horloge astronomique

Dans le bras nord du transept se dresse une horloge astronomique du XVe s. Un premier cadran indique les minutes, le deuxième les années, les jours et les fêtes, le dernier la position des astres, les phases de la Lune et le lever des étoiles. L'horloge sonne à 12h, 14h, 15h et 16h, les automates se mettant alors en mouvement : l'ange tourne le sablier, le coq bat des ailes, une colombe descend sur Marie, l'ange Gabriel apparaît, tandis qu'un Suisse fait le tour de la galerie.

La manécanterie et le trésor

À droite de la cathédrale, la manécanterie (école de chant) du XIe s. fut d'abord le réfectoire des chanoines avant de servir d'école de chant et de logement aux petits clercs. Elle abrite désormais le trésor, qui comprend une collection d'objets d'art allant de l'époque byzantine au XIXe s. À voir : des ivoires byzantins, des émaux limousins et un calice émaillé siennois du XIVe s.

❷ Pour une pause années 1950-1960 : La Limonade de Marinette★★★

Tables en Formica, nappes plastifiées à carreaux, ambiance rétro : ici, tout rappelle les années 1950-1960 ! Gérard, le patron à l'humour bon enfant, y a rassemblé sa collection d'objets vintage. Son bistrot casse-croûte poétique, aux allures d'épicerie, propose tartines, quiches ou formules.

46, rue Saint-Georges • ☎ 04 72 32 21 73 • www.limonade-marinette.fr • Mer.-jeu. et dim. 11h-18h, ven.-sam. 11h-23h • Formule : 11,50 €.

Pl. Saint-Jean • ☎ 06 60 83 53 97 • www.cathedrale-lyon.cef.fr • Cathédrale : lun.-ven. 8h15-19h45, sam. 8h15-19h, dim. 8h-19h • Trésor : mar. et jeu.-sam. 9h30-12h et 14h-18h, mer. 11h-12h et 14h-18h, un dim. sur deux 14h-18h • Accès libre • Attention, des travaux de restauration ont lieu dans l'église et une partie des vitraux ne sera pas visible.

❸ MUSÉE DES AUTOMATES*

Cet amusant petit musée regroupe près de 250 automates. On y voit les marmitons de Gargantua s'activer aux fourneaux, Esmeralda danser devant Notre-Dame de Paris, des pirates (à l'air sympathique) de *Peter Pan* ou encore le déménagement de Guignol. Il y a même des canuts tissant la soie. Vivant et animé, le musée réalise dans ses ateliers des automates pour la décoration des vitrines commerçantes.

100, rue Saint-Georges • ☎ 04 72 77 75 28 • www.museeautomates.com • T. l. j. 14h-18h • Entrée plein tarif : 7,50 €.

❹ SPA SAINT-JEAN*

Rien ne vaut une pause dans ce Spa ouvert à tous où massages du corps (gommant-détoxifiant-vitalisant, 95 €/45 min) et du visage sont prodigués. Ancienne maquilleuse de cinéma, la cofondatrice pourra même farder vos pommettes avec, peut-être, quelques anecdotes de tournage. Sinon, faites une pause au salon de thé sous la jolie voûte en pierre dorée et arrêtez-vous à la boutique.

31, rue du Bœuf • ☎ 04 78 37 88 40 • www.spa-saintjean.fr • Mar.-sam. 11h-20h, dim. 14h-20h.

❺ AU N° 16 DE LA RUE DU BŒUF**

Entrez dans la cour intérieure et tournez-vous vers la fameuse **tour Rose,** construite par Sebastiano Serlio au XVIe s. : elle est percée de fenêtres décalées. La cour, qui abrite un puits Renaissance, donne une idée du Vieux-Lyon. Autrefois, ses terrasses surplombaient la campagne.

Rue du Bœuf.

❻ UN MUR PEINT POUR LA COUR DES LOGES*

Difficile de trouver le luxueux hôtel Cour des Loges dans ces ruelles. Heureusement, une peinture murale réalisée en 1988 (place Ennemond Fousseret) livre la piste à suivre : elle figure un haut échafaudage partiellement recouvert d'une bâche représentant la cour des Loges. Sous les arcades du 2e étage, un majordome indique la direction de l'hôtel... Vous pourrez toujours y prendre un verre : c'est le seul moyen, si vous n'avez pas la chance d'y dormir, de découvrir ses décors somptueux.

6, rue du Bœuf • ☎ 04 72 77 44 44 • www.courdesloges.com

❽ MUSÉE MINIATURE ET CINÉMA***

Petits et grands en repartent des étoiles plein les yeux. Ce musée dévoile les effets spéciaux du cinéma au milieu de décors, personnages et objets de films mythiques, dont la baguette d'*Harry Potter* et la reine d'*Alien*. Les scènes de miniatures représentent quant

❼ Pour une pause glacée : Terre Adélice***

Le risque est grand de fondre pour ces délicieux sorbets et glaces artisanaux aux fruits frais. Énoncer leurs parfums (une centaine !) sans les goûter est un grand supplice : géranium, violette, truffe, roquefort ou oignon confit !

1, pl. de la Baleine • ☎ 04 78 03 51 84 • www.terre-adelice.eu • Mai-août : dim.-jeu. 13h-minuit, ven.-sam. 13h-1h ; sept. : lun.-jeu. 13h-23h, ven.-sam. 13h-minuit, dim. 13h-22h ; oct. : dim.-jeu. 13h-19h, ven.-sam. 13h-23h30 ; nov.-déc. : mer.-dim. 13h-18h30 ; jan.-fév. : ven. 14h-18h, sam.-dim. 13h-18h30 ; mars : dim.-jeu. 13h-18h30, ven.-sam. 13h-23h ; avr. : lun.-mar. 13h-18h30, mer.-jeu. 13h-23h30, ven.-sam. 13h-minuiut, dim. 13h-19h30 • 1 boule : 2,60 € à emporter, 4 € sur place.

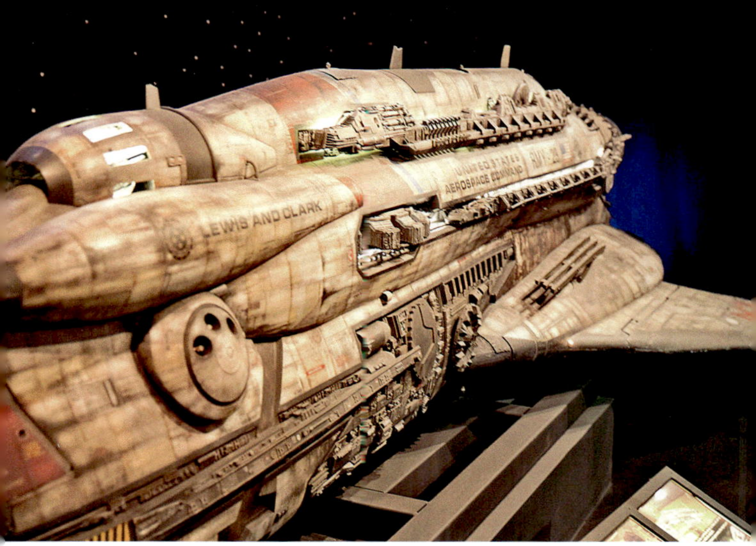

à elles salle de classe, bibliothèque, restaurant... Avec elles, on entre dans une autre dimension...

Comme dans un film

Certaines histoires semblent n'exister qu'au cinéma. Celle du musée Miniature et Cinéma en fait partie. Dan Ohlmann, le fondateur du lieu, est ébéniste de métier. Pendant près de vingt ans, il travaille le bois et réalise des décors de théâtre, ce qui l'amène aux plans, aux maquettes et enfin à l'art de la miniature. Depuis, il vit un compas dans l'œil, reproduisant à l'échelle des scènes de vie qui le touchent particulièrement. Il ouvre un premier musée, le palais de la Miniature, avant qu'un mécène, propriétaire de la maison des Avocats, ne lui propose les murs de cette bâtisse Renaissance.

Échelle réduite

Le musée expose des miniatures réalisées dans le monde entier, des États-Unis au Japon en passant par le Chili. Une salle est consacrée à l'œuvre de Dan Ohlmann. L'un de ses premiers chefs-d'œuvre reste le restaurant parisien Maxim's, reproduit à l'identique, de l'acajou au bronze. Ses scènes miniatures sont souvent issues de lieux nostalgiques et fantomatiques reproduits à la même échelle, qui font ressortir l'atmosphère d'autrefois. Le grand restaurant Art déco du paquebot *Le Normandie* a rejoint les autres pièces. Dan Ohlmann devrait bientôt ajouter la brasserie lyonnaise Georges, un lieu qui lui est cher. Il faut compter près d'un an pour réaliser chaque miniature.

L'envers du décor

Autre belle surprise, les salles dédiées au cinéma. Ici, les ateliers travaillant dans l'ombre des réalisateurs sont à l'honneur. On verra ainsi des effets spéciaux, des costumes, des masques et des créatures animées ou robotisées (les animatroniques) : le poulet jeté à la figure de Jean Dujardin dans *OSS 117*, des Gremlins, le tyrannosaure de *Jurassic Park* ou encore un cochon qui rappelle Babe... Le musée compte près de 350 objets dont certains prêtés ou donnés par les plus grands studios américains et européens. Lorsqu'ils sont endommagés, l'atelier du musée leur donne une seconde vie.

60, rue Saint-Jean • ☎ 04 72 00 24 77 • www.museeminiatureetcinema.fr • Lun.-ven. 10h-18h30, sam.-dim. 10h-19h • Entrée plein tarif : 9 €.

❾ PALAIS DE JUSTICE**

Revisité par l'esprit du XIXe s., ce temple à l'antique est l'œuvre de Louis-Pierre Baltard - le père de Victor, l'architecte des premières Halles de Paris. Jetez un œil aux 24 colonnes corinthiennes en façade : elles supportent un plafond à caisson ouvragé. Ne manquez pas la très belle salle des pas-perdus, c'est ici que Klaus Barbie fut jugé. Plus difficiles à voir, les salles d'audience ont conservé le mobilier et le décor d'origine.

Place Paul-Duquaire • Lun.-ven. 8h45-17h • Accès libre.

❿ MUSÉES GADAGNE***

L'histoire de la ville est concentrée ici, dans le **musée d'Histoire de Lyon** dont la scénographie permet aussi d'admirer ces beaux lieux Renaissance. Sous le même toit, Guignol est à la fête au **musée des Marionnettes du monde** présentant l'art vivant de la marionnette aux quatre coins de la planète. Enfin, arrêtez-vous au **Café Gadagne** (p. 100), au dernier étage, au milieu de jardins suspendus.

Les méandres du bâtiment

Le buste de Thomas Gadagne accueille les visiteurs. À partir de la fin du XVe s., les Guadagni, de riches marchands et banquiers italiens, habitent cet édifice qui ne cesse d'être modifié au fil du temps. Au XIXe s., divisé en appartements, il abrite même une soixantaine de familles ! Transformé en musée en 1921, il est entièrement rénové entre 1999 et 2009. Ses trois bâtiments sur cinq niveaux s'organisent autour de deux jolies cours intérieures. Classé monument historique et disposant de plus de 6 300 m² d'espace d'exposition, c'est aujourd'hui le plus vaste ensemble Renaissance de Lyon. Et un véritable labyrinthe !

Le musée d'Histoire de Lyon

L'histoire de Lyon s'étire au gré de 39 salles. Le cheminement est à la fois chronologique et thématique : le parcours débute par l'Antiquité, dans le sous-sol créé lors de la restauration, et se poursuit jusqu'au XXe s. au 2e étage. Près de 80 000 objets viennent illustrer l'histoire de la cité. Parmi les reconstitutions d'intérieurs, ne manquez pas la Chambre lyonnaise du XVIIIe s. (2e étage) recréée dans ses couleurs d'origine. Le musée offre une vision urbaine de la ville qui peut, si l'on veut, déboucher sur des visites hors les murs - les « Balades urbaines » - organisées par le musée (3e w.-e. du mois).

Le musée des Marionnettes du monde

C'est en 1950 que le musée des Marionnettes du monde intègre les lieux. Le lien avec l'histoire de la ville ? Guignol, bien sûr, la figure emblématique de Lyon ! Les neuf salles du musée réunissent

des marionnettes du monde entier venues lui tenir compagnie, sans oublier Madelon et Gnafron. Quelques visages sont assez effrayants, mais on en apprend beaucoup sur l'art vivant de la marionnette. La scénographie très simple se fait aussi ludique grâce à un dispositif multimédia. Enfin, le petit théâtre du musée accueille des spectacles de marionnettes.

1, pl. du Petit-Collège • ☎ 04 78 42 03 61 • www.gadagne.musees.lyon.fr • Mer.-dim. 11h-18h30 • Entrée plein tarif : 6 € un musée (9 € avec expo), 9 € deux musées (10 € avec expo).

⓫ RUE JUIVERIE**

De nombreux juifs habitaient cette rue avant leur bannissement de France en 1394. De grandes familles de banquiers italiens (Gondi, Capponi, Guadagni ; p. 41) les remplacèrent et bâtirent de magnifiques demeures. À voir au n° 4, le buste du roi. Plus loin, entre les n°s 16 et 18, la **ruelle Punaise** est un égout à ciel ouvert datant du Moyen Âge. Au n° 20, une allée voûtée mène à une cour intérieure avec le blason de Pierre Duxio, riche marchand italien du XVIe s. Enfin, au n° 23, la **maison aux Lions** (1647) a des airs de palais florentin.

⑫ GALERIE PHILIBERT-DELORME*

À la demande d'Antoine Bullioud, contrôleur des finances de Bretagne, le Lyonnais Philibert Delorme relie en 1536 deux maisons par une galerie sur trompes. Inspiré par les monuments romains en Italie, il intègre des éléments de décor antique (frontons, pilastres, chapiteaux ioniques, médaillons) typiques du style Renaissance.

8, rue Juiverie.

⑬ ÉGLISE SAINT-PAUL**

Reconstruite au XIe s. et sans cesse remaniée jusqu'au XIXe s., l'église Saint-Paul a gardé sa tour-lanterne octogonale et ses modillons romans sculptés de têtes humaines, de monstres et de feuillages. Des éléments gothiques sont ajoutés aux XVe et XVIe s., en particulier le clocher-porche et les chapelles latérales. La flèche de style gothique est, elle, un ajout tardif (1875). À l'intérieur, ne manquez pas le décor gothique de la **chapelle Saint-François-Xavier.**

Pl. Gerson • ☎ 04 78 69 89 14 • www.paroisses-pentes-et-saone.fr • Horaires d'ouv. aléatoires, se renseigner au préalable.

⑭ MAISON DES MAYET DE BEAUVOIR**

Cet hôtel particulier, bâti en 1516, est un autre incontournable du

Vieux-Lyon. La façade de style gothique flamboyant présente de magnifiques fenêtres surmontées de gables sculptés. À l'angle, une niche ornée d'une coquille abrite une statue de la Vierge, détail annonciateur du style Renaissance.
14, rue Lainerie.

⓯ PLACE DU CHANGE***

Dès le XIIIe s., les changeurs avaient élu domicile sur la place du Change où se tenaient les quatre foires annuelles de l'époque. Édifiée en 1653, **la loge du Change** est agrandie un siècle plus tard par Soufflot, l'architecte du Panthéon à Paris. Il garde l'ancien bâtiment, et se contente d'ajouter une arcade. Depuis 1803, le bâtiment abrite un temple protestant (office le dimanche matin à 10h30). Au n° 2, la **maison Thomassin** fut reconstruite au XVe s. dans un style gothique et ses fenêtres à meneaux sont surmontées des signes du zodiaque.

Le Vieux-Lyon

Dès la fin du XVᵉ s., Lyon s'étend des deux côtés de la Saône et connaît une véritable renaissance. La ville devient une importante place économique, financière et culturelle. Les marchands venus de toute l'Europe se retrouvent lors des grandes foires, les banquiers italiens s'installent, apportant richesse et prospérité, tandis que les artistes, en revenant d'Italie, s'arrêtent pour y exercer leurs talents. On dénombre aussi pas moins de 45 maîtres imprimeurs !

L'ARCHITECTURE DU VIEUX-LYON

Le Vieux-Lyon, qui s'accroche aux pentes de la colline de Fourvière, est l'un des plus vastes ensembles Renaissance d'Europe, s'étendant sur 25 ha. Il fut, en 1964, le premier secteur sauvegardé de France. C'est dans ce quartier que le style florentin de la ville se dévoile dans toute sa splendeur. De chaque côté des rues étroites, les maisons s'élèvent sur 3 à 5 étages. Les façades enduites de rose ou d'ocre sont percées de fenêtres à meneaux pour laisser passer un maximum de lumière. Derrière la porte, un passage à voûte d'ogives mène vers une cour où l'on découvre un puits et des tours ajourées dont les escaliers desservent des galeries permettant l'accès aux logements.

Le Vieux-Lyon sauvé de la destruction

Au début des années 1960, le Vieux-Lyon, devenu insalubre, est voué à la démolition, une voie express devant le traverser. Heureusement, grâce aux réactions de l'association locale Renaissance du Vieux-Lyon et aux dispositions de la loi Malraux, il devient le premier secteur sauvegardé de France. Depuis, les maisons ont été restaurées et réhabilitées, formant aujourd'hui le plus beau et le plus important ensemble architectural des XVᵉ et XVIᵉ s. en Europe.

LES TRABOULES

Expression lyonnaise bien connue, la traboule signifie littéralement « passer à travers ». En traboulant, vous empruntez donc des passages étroits couverts et à voûtes d'ogives qui traversent les cours de maisons, se faufilant de nouveau sous un autre bâtiment, descendant quelques marches pour rejoindre une rue parallèle. Ce sont des raccourcis fabuleux pleins de mystères qui vous réservent à chaque fois de belles découvertes architecturales. Pour les trouver, il faut pousser les portes ou, mieux, consulter le plan gratuit disponible à l'office de tourisme (p. 189) ou encore suivre une visite guidée.

LES FOIRES

Lyon doit sa prospérité à ses cours d'eau, mais aussi à ses foires qui en firent un carrefour international. Le futur Charles VII (1422-1461) en créa d'abord deux de six jours chacune. Ces foires passèrent au nombre de quatre par an en 1489 et leur durée s'allongea ensuite à 15 jours au total chacune. Durant ces périodes, les marchands bénéficiaient de nombreux privilèges, dont la suppression des taxes pour toutes les marchandises qui transitaient par la ville, l'exemption de la taille, la protection de la ville et l'assurance d'une justice commerciale pour régler les conflits. Dans les rues et le long des quais de la Saône, on achetait et on vendait alors des épices, des soieries, des draps, des métaux, toutes sortes de produits venus des contrées du Nord ou du Bassin méditerranéen.

PREMIÈRE PLACE BANCAIRE

Le grand nombre de ces transactions a entraîné le développement des banques et l'installation de grandes familles italiennes de la finance, comme les Guadagni, les Gondi, les Capponi ou les Salviati (p. 36 et 38). Aux quinze jours de la foire de marchandises succédaient les quinze jours de la foire de change. C'est à ce moment que furent acceptées les lettres de change, fixés les taux de change et effectués les paiements. Les banques lyonnaises prêtaient aux rois de France, finançaient de grandes expéditions, comme celle de 1523 menée par Verrazzano en Amérique du Nord, et mirent en place des contrats d'assurance maritime.

LES QUARTIERS SAINT-JEAN, SAINT-PAUL ET SAINT-GEORGES

Au Moyen Âge, le centre du pouvoir spirituel et temporel se situait dans le quartier Saint-Jean où se trouve la **cathédrale** (p. 31), siège du primat des Gaules. C'est ici, entre autres, que fut célébré le mariage d'Henri IV et de Marie de Médicis. Mais c'est dans le quartier de Saint-Paul que banquiers et marchands de l'Europe entière s'installèrent, bâtissant de beaux hôtels particuliers de style Renaissance. La limite du quartier Saint-Paul est marquée par l'église Saint-Paul à la tour-lanterne romane et à la flèche spectaculaire. Reste le quartier Saint-Georges où les tisseurs de la soie s'installèrent à partir du XVIe s. avant de gagner la colline de la **Croix-Rousse** (p. 64) au XIXe s.

3 Autour de la rue AUGUSTE-COMTE

Restos, bistrots p. 101 | Boutiques p. 152

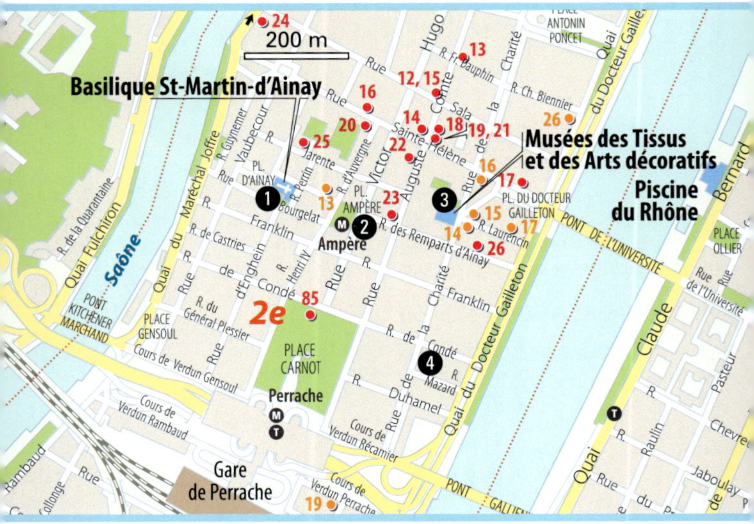

Si la Presqu'île s'arrêtait à l'abbaye romane de Saint-Martin-d'Ainay avant 1789, elle arrive désormais jusqu'au musée des Confluences. Aux XVIIe et XVIIIe s., de beaux hôtels particuliers furent construits sur cette partie prisée hier par les antiquaires et aujourd'hui par les décorateurs et designers contemporains.

❶ BASILIQUE SAINT-MARTIN-D'AINAY***

D'une rare beauté, cet ensemble bénédictin est un édifice majeur de l'art roman à Lyon. L'abbaye, construite aux XIe et XIIe s., a conservé le clocher-porche, la **chapelle Sainte-Blandine,** le chevet, la nef et les bas-côtés. Les quatre colonnes de pierre autour du chœur, taillées dans une roche d'Égypte, flanquaient

l'autel de Rome et d'Auguste (12 av. J.-C.) qui se trouvait sur les pentes de la Croix-Rousse. Deux chapelles et des décors peints d'Hippolyte Flandrin ont été ajoutés au XIXᵉ s. Une maquette donne un aperçu de la taille de l'abbaye au XVIᵉ s.

Pl. d'Ainay et 11, rue Bourgelat • ☎ 04 72 40 02 50 • www.paroisse2lyon.fr • Lun.-ven. 8h30-12h et 14h30-18h30, sam. 9h30-11h • Accès libre.

❷ STATUE D'AMPÈRE*

Saviez-vous que l'unité de mesure de l'intensité électrique, l'ampère, doit son nom à André-Marie Ampère (1775-1836) ? Les recherches de ce brillant scientifique lyonnais lui permirent, entre autres, de fonder la théorie de l'électrodynamique. Mort pratiquement dans l'oubli, il a aujourd'hui sa statue, signée Charles Textor, qui l'immortalise une plume à la main.

Place Ampère.

❸ MUSÉES DES TISSUS ET DES ARTS DÉCORATIFS***

Il faudra dérouler un fil de soie pour se retrouver dans les salles du musée des Tissus. Deux mille ans d'histoire du textile à travers une sélection de pièces exceptionnelles aux matières et couleurs chatoyantes. Cette collection, l'une des plus importantes au monde, voisine avec le musée des Arts décoratifs qui restitue l'atmosphère d'une demeure du XVIIIᵉ s., avec décor, ameublement et œuvres d'art d'époque.

Musée des Tissus

Après la première Exposition universelle de Londres (1851), les fabricants de tissus lyonnais ont le désir de fonder un musée d'échantillons et de dessins. Il ouvre au public treize ans plus tard. Aujourd'hui installé dans l'hôtel de Villeroy, l'ancienne résidence du gouverneur du Lyonnais au XVIIIe s., il possède l'une des plus riches collections textiles du monde : ses 2,5 millions de pièces illustrent plus de 4 500 ans de production textile à travers la planète. En parcourant ses salles, le visiteur voyage dans le monde et le temps : de l'Égypte pharaonique à nos jours, du Japon aux Amériques, des Pays-Bas à l'Italie, sans oublier la Chine et l'Orient. Les productions sont variées et de premier ordre. La place de Lyon est illustrée par les réalisations des dessinateurs ornemanistes, tels que Jean Pillement, Philippe de Lasalle

❹ Pour une pause familiale : Café Marmot★★

Une ambiance de quartier flotte dans ce bistrot familial où la mère s'active aux fourneaux, tandis que le fils est en salle. Les tartes salées ont la saveur du fait maison : aubergines, tomates confites, crumble de parmesan ou encore épinards, truite fumée et ricotta... Idéal, aussi, pour prendre un petit déjeuner ou un verre.

51, rue de la Charité • ☎ 04 78 82 61 91 • Mar.-ven. 7h45-19h, sam. 9h-18h • Formule du jour : 12-14 €.

ou Jean Dugourc et, surtout au XIXᵉ s., par les commandes royales et impériales. Enfin, les créations de Raoul Dufy et de Sonia Delaunay se distinguent au XXᵉ s.

Musée des Arts décoratifs

Contigu au musée des Tissus, le musée des Arts décoratifs est installé dans l'hôtel de Lacroix-Laval, construit par Jacques-Germain Soufflot en 1739. Ses magnifiques pièces décorées de boiseries XVIIIᵉ et de tapisseries réunissent des meubles estampillés Oeben, Topino, Riesener, Nogaret ou Hache. Dans la collection d'horloges, on notera en particulier une rare pendule-cage ornée d'une fontaine et d'oiseaux chanteurs. À voir aussi, de l'orfèvrerie ancienne et contemporaine et une section céramique. Ces salles nous plongent dans l'atmosphère d'une grande demeure lyonnaise du XVIIIᵉ s.
Ses collections en font le plus important musée d'arts décoratifs après celui de Paris. N'oubliez pas de passer par la boutique des deux musées. Elle vaut le détour.

34, rue de la Charité
• ☎ 04 78 38 42 00 ou
☎ 04 78 38 42 15 (w.-e. slt)
• www.mtmad.fr • Mar.-dim. 10h-17h30
• Entrée plein tarif : 10 €.

4 La Confluence, RETOUR VERS LE FUTUR

Restos, bistrots p. 104 | Bars, clubs p. 129 | Boutiques p. 158

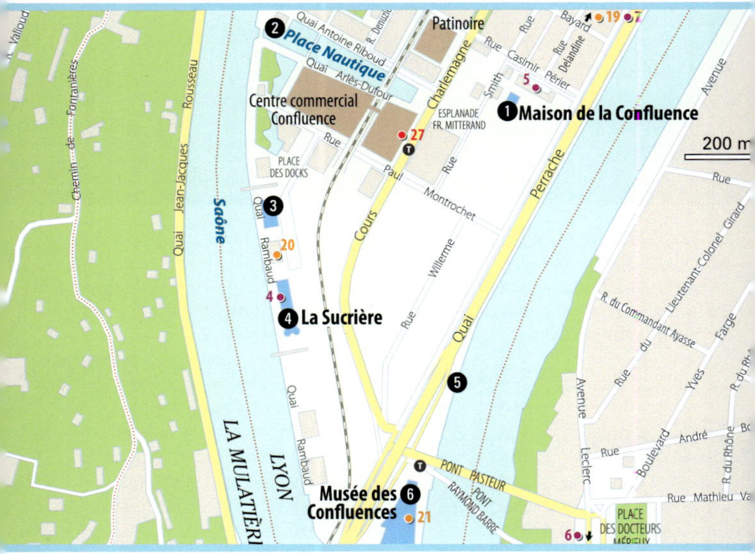

Auparavant *no man's land* à la pointe sud de la Presqu'île lyonnaise, la Confluence est devenu un quartier branché, idéal pour se cultiver, sortir ou faire du shopping. De la place Nautique au musée des Confluences en passant par les quais de Saône, les architectes rivalisent sans cesse d'imagination pour façonner ce quartier en plein développement.

1 MAISON DE LA CONFLUENCE**

Ce centre d'information et d'exposition permet de découvrir le quartier de la Confluence.

Témoignages des riverains et maquette à l'appui, on prend toute la mesure de l'immense projet en cours de réalisation entre la place Carnot et la pointe sud de la Presqu'île, au confluent du

Rhône et de la Saône. L'ancienne prison Saint-Paul se transforme en campus de l'université catholique de Lyon ; le marché de gros a fait place à des immeubles d'habitation, tandis que la silhouette du musée des Confluences s'élève au sud.

73, rue Smith • ☎ 04 78 38 74 00 • www.lyon-confluence.fr • Mer.-ven. 14h-18h.

❷ PLACE NAUTIQUE★★★

Point de départ ou terminus des vaporettos (p. 189), la place Nautique accueille bateaux de plaisance et bateaux sans permis à louer pour une promenade. Bordée par des immeubles conçus sur un modèle d'écoquartier, elle compte une capitainerie qui partage ses murs... avec une MJC. Quai

Rambaud, de part et d'autre du bassin, des **jardins aquatiques** abritent de nombreuses espèces protégées. Enfin, sur l'esplanade François-Mitterrand, poussez la porte de l'**hôtel de Région,** conçu par Christian de Portzamparc, et de son espace d'exposition, **Le Plateau,** toujours plein de bonnes surprises.

Quai Rambaud.

❸ RBC★

Dans ce surprenant cube orange, réalisé par Jakob + MacFarlane, est venu se loger le showroom de RBC, spécialisé dans le design contemporain. Sur près de 900 m²

s'alignent les signatures des designers les plus talentueux et des plus grands fabricants : Cassina, Poltrona, Vitra, Cappellini, Poliform, etc. Hélas, peu de Lyonnais sont représentés… Et si vous ne repartez pas avec un canapé, les luminaires sont moins encombrants !

42, quai Rambaud • ☎ 04 72 04 25 25 • www.rbcmobilier.com • Mar.-sam. 10h-19h, lun. sur r.-v 9h-18h.

❹ LA SUCRIÈRE★★★

Vertigineux et ronds à souhait, les deux silos accueillent les visiteurs de cet entrepôt des années 1930. Désormais, l'art remplace le sucre longtemps stocké dans ces murs. Expositions, dont celles de la Biennale d'art contemporain, et concerts y sont programmés. Posé sur le toit, le bar-club et salle de spectacle **Le Sucre** (p. 129) est un incontournable des nuits lyonnaises.

49-50, quai Rambaud • ☎ 04 27 82 69 40 • www.lasucriere-lyon.com • Horaires selon programmation.

❻ MUSÉE DES CONFLUENCES★★★

Posé à la pointe de la Presqu'île, ce vaisseau spatial imaginé par l'agence autrichienne Coop Himmelb(l)au articule ses collections autour de trois grandes disciplines : les sciences naturelles, les sciences humaines et les sciences et techniques. Un parcours

❺ Pour une pause sur l'eau : Bateau *Bellona*★

À deux pas du musée des Confluences, on déjeune et on brunche (26 € le buffet) dans un décor moderne, sur le pont supérieur ou la terrasse de la péniche *Bellona*, amarrée sur le Rhône. Concerts et afterworks en été.

Quai Perrache • ☎ 09 83 60 56 26 • www.bateaubellona.fr • Mar. 12h-14h30, mer.-sam. 12h-14h30 et 19h30-22h, dim. 11h30-15h30 (brunch) • Bar festif jeu.-ven. 18h-2h, sam. 18h-3h.

raconte l'aventure humaine depuis ses origines jusqu'à son avenir. Interdisciplinaire, il propose également une programmation de théâtre, musique, danse et cinéma. Des expos temporaires rythment une programmation ouverte à toute la famille. La nocturne du jeudi soir (6 €) permet d'apprécier un panorama époustouflant sur Lyon depuis le toit panoramique.

86, quai Perrache • ☎ 04 28 38 11 90 (infos et résa) • www.museedesconfluences.fr • Mar.-mer. et ven. 11h-19h, jeu. 11h-22h, sam.-dim. 10h-19h • Entrée plein tarif : 9 € (6 € à partir de 17h).

Architecture et art

Un pied dans le passé, grâce à son riche patrimoine, Lyon n'oublie pas pour autant de regarder vers le futur : le quartier de la Confluence ouvre un nouveau chapitre de son histoire, faisant rimer audace architecturale et développement durable. La ville se réapproprie aussi ses fleuves et propose de belles balades urbaines auxquelles se mêle l'art contemporain. Rien d'étonnant : avec ses deux biennales, Lyon s'est imposé sur la scène artistique mondiale.

LA CONFLUENCE, QUARTIER ÉMERGEANT

Orchestré par les plus grands architectes (Jean-Michel Wilmotte, Rudy Ricciotti, Massimiliano Fuksas, Herzog & de Meuron...), le quartier de la Confluence (p. 46) est devenu un laboratoire urbain. Les réalisations phares ? Le **Cube Orange** de Jakob + MacFarlane (p. 47) et le **musée des Confluences** (p. 48) des Autrichiens Coop Himmelb(l)au. Autre curiosité, les anciennes prisons Saint-Paul et Saint-Joseph du XIXe s., en activité jusqu'en 2009 : leurs murs accueillent l'université catholique de Lyon depuis 2015, tout en conservant leur plan panoptique et les éléments typiques de l'architecture carcérale du XIXe s.

LES RIVES DE SAÔNE

Depuis une dizaine d'années, Lyon se tourne à nouveau vers ses fleuves. Après le projet **Berges du Rhône** finalisé en 2007, le réaménagement des **rives de la Saône** a enfin commencé. Sur 50 km, le long du fleuve, se déploient des balades urbaines, champêtres et fluviales qui devraient traverser 14 communes et 5 arrondissements de Lyon. Ce projet a été pensé en amont, afin d'y intégrer des œuvres d'art contemporain, soit 23 œuvres réalisées par 13 artistes. Le fil rouge artistique a été confié à l'artiste japonais Tadashi Kawamata dont le bois est la matière de prédilection. Parmi les œuvres déjà installées, on peut voir la sculpture d'Elmgreen & Dragset (www.lesrivesdesaone.com).

LA PART-DIEU PREND DE LA HAUTEUR

Dans le quartier d'affaires, le **« Crayon »** de 165 m n'est plus le seul gratte-ciel à percer le ciel lyonnais. Depuis 2010, la **tour Oxygène** tutoie les nuages du haut de ses 115 m. La **tour Incity,** inaugurée en 2015, est la plus haute tour (200 m) de la région. Elle accueille des bureaux. D'autres projets à l'architecture originale sont au programme dans le quartier de la Part-Dieu, comme le Sky 56 ou Silex.

L'ART : DES PLACES DE LA VILLE AUX PARKINGS

Artistes, architectes, paysagistes... Leur empreinte est partout à Lyon. **Place des Terreaux** d'abord (p. 57), redessinée en 1994 par Christian Drevet et Daniel Buren. **Place de la Bourse** encore, conçue par Alexandre Chemetoff, ou **place de la République,** aménagée par Alain Sarfati. Renzo Piano, lui, a imaginé la **Cité internationale** (p. 77). Le **parking des Célestins** (p. 54) est sans doute le plus insolite : au cœur du projet signé Michel Targe et Jean-Michel Wilmotte, Daniel Buren a installé son œuvre *Sens dessus dessous,* un immense miroir circulaire renvoyant l'image de la longue rampe hélicoïdale à arcades.

LA BIENNALE D'ART CONTEMPORAIN

Les années impaires, pendant près de quatre mois, la **Biennale d'art contemporain** (p. 17) en met plein les yeux. Créée en 1991, cette manifestation a réussi à s'imposer dans la cour des grands et ne rougit plus devant son aînée, la Biennale de Venise. Chaque édition s'organise autour d'un mot-clé - « Moderne » en 2017 - auquel le commissaire choisi est invité à réfléchir pour composer le programme. L'exposition principale investit de nombreux lieux tels que **La Sucrière** (p. 48), le **musée d'Art contemporain** (p. 78) et la **fondation Bullukian** (p. 54). En parallèle, près de 200 manifestations sont organisées, parfois jusque dans des appartements privés !

Les œuvres exposées lors de la Biennale trouvent parfois une seconde vie dans la ville elle-même, à l'image de *L'Arbre à fleurs* du Coréen Jeong Hwa Choi, acheté par la Ville et installé de façon permanente place Antonin-Poncet (G-H9), au bord du Rhône.

5 La place Bellecour ET LE CARRÉ D'OR

Restos, bistrots p. 104 | Bars, clubs p. 131 | Boutiques p. 158

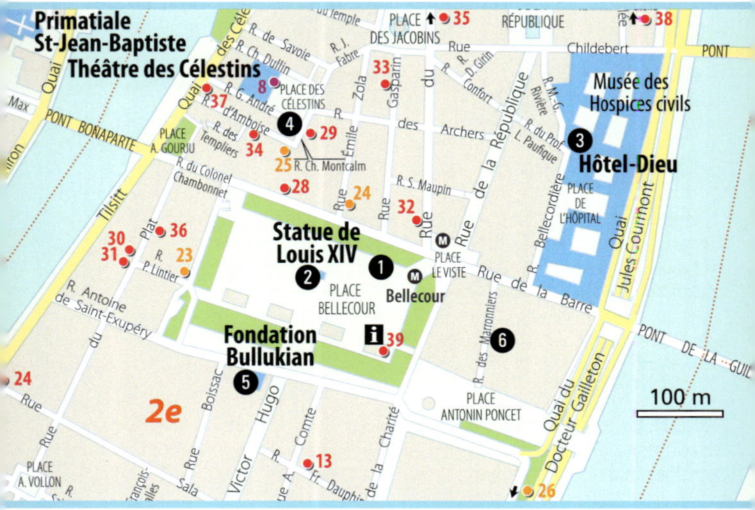

Les grandes artères convergent vers le quartier de la place Bellecour. Créées au Second Empire, elles devaient assainir le terrain et permettre à la garde de disperser les insurrections. Autour de la place, les rues du Carré d'or accueillent de nombreuses enseignes qui raviront les accros au shopping.

❶ PLACE BELLECOUR***

La place Bellecour est le cœur de Lyon. Aménagée au début du XVIIe s. par Louis XIV, elle fut considérée comme la plus grande place européenne, avant d'être détrônée en 1755 par la place de la Concorde et, plus tard, par la place des Quinconces à Bordeaux. Ses dimensions : 500 m de long et entre 220 et 280 m de largeur. Besoin d'un renseignement ? Filez dans le charmant kiosque qui abrite l'office de tourisme

(p. 189). Bon à savoir : juste derrière, vous trouverez des toilettes publiques gratuites.

❷ RENDEZ-VOUS SOUS LA QUEUE DU CHEVAL*

Lieu de rendez-vous habituel, la statue équestre de Louis XIV, sculptée par Martin Desjardins en 1713, fut détruite et fondue à la Révolution. Heureusement, des estampes de l'époque ont permis au sculpteur lyonnais François Lemot de la reproduire en 1825 et de la réinstaller. Le Roi-Soleil, regardant au nord du côté des deux ponts du Rhône et de la Saône, est représenté en César et, comme chez les Romains, n'a pas d'étriers !

Pl. Bellecour.

❸ HÔTEL-DIEU***

De l'hôpital fondé au XIIe s., où François Rabelais exerce la médecine en 1532 – il publie à cette époque *Pantagruel* –, il ne reste rien. Détruite puis reconstruite le long du Rhône, sa façade de 375 m est remodelée au XVIIIe s. par Jacques-Germain Soufflot qui ajoute le grand dôme pour la circulation de l'air dans les salles communes. Cet imposant bâtiment de 62 000 m², fermé pour travaux, devrait accueillir d'ici à la fin 2017 hôtel de luxe,

appartements, boutiques, jardins botaniques, cafés et restaurants.
1, pl. de l'Hôpital • F. au public.

❹ PLACE DES CÉLESTINS***

Quelle charmante place ! Le sol, recouvert de bois, est bordé d'arbres et de plans d'eau. Au centre, un périscope permet de découvrir le **parking des Célestins** souterrain conçu par Michel Targe et Jean-Michel Wilmotte : l'artiste Daniel Buren y a installé un miroir qui transforme les lieux en donjon inversé. N'oubliez pas le **théâtre des Célestins** inauguré en 1881. Il force l'admiration par ses décors peints et sculptés, rehaussés d'ors et de velours cramoisi.

❺ FONDATION BULLUKIAN**

Outre la recherche sur la santé (cancer) et le soutien à des œuvres sociales arméniennes, la fondation Bullukian s'est donné pour mission de soutenir la création artistique. Depuis 2007, son espace est l'un des lieux officiels de la Biennale d'art contemporain de Lyon. Elle y programme aussi quatre à six expositions de haut vol d'artistes confirmés et de jeunes talents.

26, pl. Bellecour • ☎ 04 72 52 93 34 • www.bullukian.com • Mar.-ven. 14h-18h30, sam. 13h-19h (vis. guidée gratuite sam. 16h) • Ouv. uniquement lors des expositions • Accès libre.

❻ Pour une pause burger : Les Frangins*

Pas étonnant que les gastronomes lyonnais aient élu cette adresse à burgers comme l'une des meilleures de la ville. Le burger au *pulled pork* (13,50 €) des deux frérots est à tester de toute urgence, tout comme les frites au parmesan ultrafondantes. Salle très agréable à l'étage.

9, rue des Marronniers • Lun.-sam. 12h-13h45 et 19h-21h45.

6 Des Terreaux à la place DES JACOBINS

Restos, bistrots p. 106 | Bars, clubs p. 131 | Boutiques p. 162

C'est sur ces anciens terrains boueux que fut bâti le Lyon prestigieux et riche des XVIIe et XVIIIe s. Rues et ruelles commerçantes grouillent de vie à côté de cinémas et de musées, tandis que la rue Mercière aligne ses nombreux restaurants touristiques.

❶ PLACE DES TERREAUX★★★

Encadrée à l'est par l'hôtel de ville et au sud par le palais Saint-Pierre – le musée des Beaux-Arts –, la place des Terreaux fait partie de l'histoire lyonnaise. C'est ici qu'ont été guillotinées près de 1 900 personnes en représailles du soulèvement de Lyon contre la Convention en 1793-1794. Deux siècles plus tard, Christian Drevet et Daniel Buren la réaménagent entièrement, la recouvrant d'un pavement de granit agrémenté de bandes noires et blanches et déplaçant la fontaine Bartholdi au nord.

❷ FONTAINE BARTHOLDI★★★

Si cette somptueuse fontaine, rénovée en 2017, représente le char triomphal de la Garonne plutôt que le Rhône et la Saône, c'est qu'elle fut initialement sculptée pour la place des Quinconces de Bordeaux. La commande n'étant pas honorée, Lyon s'en porta acquéreur lors de l'Exposition universelle de 1889 où elle était présentée. Ses quatre chevaux fougueux sont d'Auguste Bartholdi, auquel on doit la statue de la Liberté.

Pl. des Terreaux.

❸ HÔTEL DE VILLE★★★

Bâti entre 1645 et 1651 sur les plans de Simon Maupin, ce qui est alors considéré comme l'un des plus beaux hôtels de ville de France est ravagé par un incendie en 1674, puis restauré par Jules Hardouin-Mansart, l'architecte de la galerie des Glaces de Versailles. Celui-ci ajoute une touche classique au style baroque avec le beffroi et les dômes. Dans les années 1850-1860, le préfet Vaïsse redonne à l'édifice sa splendeur classique. Derrière la façade se cachent la **cour d'honneur** et de magnifiques salons (visite guidée sur résa : ☎ 04 72 77 69 69, www.visiterlyon.com, 12 €).

1, pl. de la Comédie • ☎ 04 72 10 30 30 • www.lyon.fr • Lun.-ven. 8h30-18h, sam. 8h-12h • Accès libre.

❹ OPÉRA DE LYON★★★

C'est en 1831 que Pollet et Chenavard achèvent la reconstruction du Grand Théâtre de Soufflot, qui devient alors l'Opéra. Quand Jean Nouvel le rénove en 1993, il n'en garde que les façades et le foyer. Il y ajoute un immense dôme de verre que Yann Kersalé met en lumière grâce à 8 000 balises rouges dont l'intensité lumineuse varie en fonction de l'activité de l'Opéra.

1, pl. de la Comédie • ☎ 04 69 85 54 54 • www.opera-lyon.com • Visite guidée par l'office de tourisme sur résa au ☎ 04 72 77 69 69 ou sur www.visiterlyon.com (sam. 13h, entrée plein tarif : 12 €).

❺ MUSÉE DES BEAUX-ARTS★★★

La grande richesse de ses collections vaut à ce musée situé dans une ancienne abbaye bénédictine le surnom de « Petit Louvre ». On y traverse les époques de l'art antique à l'art moderne au gré de 70 salles remarquables. Ne manquez pas l'impressionnant département égyptien et le beau panorama de l'art islamique au 1er étage, ainsi que les salles consacrées aux peintures, au second, où s'accrochent des œuvres de Véronèse, Rubens, Rembrandt, Poussin, Gauguin, Picasso, Bacon... Le bâtiment lui-même est digne d'intérêt depuis sa restructuration totale à la fin des années 1990.

Le palais Saint-Pierre

Occupés par des religieuses dès le VIe s., les bâtiments conventuels sont transformés en palais au XVIIe s. par François de la Valfenière. C'est le peintre lyonnais Thomas Blanchet, déjà auteur des plafonds de l'hôtel de ville, qui signe le décor baroque de l'escalier d'honneur et du réfectoire. Réquisitionné lors de la Révolution, le palais est converti en musée en 1803, et le cloître en jardin public.

Les antiquités

En entrant dans les salles égyptiennes du 1er étage, vous aurez peut-être le sentiment de découvrir un trésor. Et vous n'aurez pas tort : sont exposés ici une douzaine de sarcophages égyptiens. À côté, amulettes, scarabées, bandelettes de momie... illustrent la croyance d'une vie après la mort. Après l'Égypte, le voyage se prolonge de la Grèce à l'Italie antique en passant par le Proche et le Moyen-Orient. Au total, plus de 3 000 ans d'histoire du Bassin méditerranéen.

Objets d'art et sculptures

Les sculptures des XIXe et XXe s. sont exposées dans la chapelle Saint-Pierre. Les autres salles présentent des sculptures médiévales et Renaissance, ainsi qu'une collection d'objets d'art, des ivoires byzantins à la chambre Art nouveau d'Hector Guimard en passant par l'art islamique (Xe-XIXe s.), l'un des fonds les plus importants après celui du Louvre. Enfin, la collection de monnaies et de médailles de Lyon est un véritable musée dans le musée.

Peintures

Les peintures occupent le second étage du musée. Près de 700 tableaux illustrent l'art

❻ Pour une pause romantique : Les Terrasses Saint-Pierre★★★

Dans la cour du musée des Beaux-Arts, ce havre de paix sert des petits plats bien ficelés et savoureux (formules déjeuner : 22-26 € ; plat du jour : 16 €). L'hiver, on se réfugie à l'intérieur sous le grand tableau de Raoul Dufy, *La Seine, de Paris à la mer.*

Musée des Beaux-Arts • 20, pl. des Terreaux • ☎ 04 78 39 19 65 • www.les-terrasses-saint-pierre.com • T. l. j. sf mar. 10h-18h (cuisine 12h-15h), nocturne le 1er ven. du mois jusqu'à 22h30.

européen du XIVe au XXe s. Les écoles italienne (Pérugin, Véronèse, Tintoret), flamande (Metsys), hollandaise (Rembrandt, Rubens) et française (Poussin, Le Brun) sont très bien représentées. La peinture lyonnaise (salle des Peintres lyonnais) est illustrée par les œuvres de Révoil, Duclaux et Fleury-Richard. Parmi elles, le *Poème de l'âme* de Louis Janmot, composé de 18 tableaux, est remarquable. À noter aussi, ces œuvres lyonnaises du XIXe s. de style troubadour inspirées par la civilisation médiévale et qui empruntent aux tableaux de genre hollandais du XVIIe s. (Pierre Révoil, *Le Tournoi*, 1812).

20, pl. des Terreaux • ☎ 04 72 10 17 40 • www.mba-lyon.fr • Mer.-lun. 10h-12h30 et 14h-18h (10h30 le ven.) ; nocturne 1er ven. du mois jusqu'à 22h ; f. des caisses 30 min avant la f. du musée • Entrée plein tarif : 8 € musée, 13 € exposition.

7 ÉGLISE SAINT-NIZIER**

En hommage aux martyrs de 177, un premier édifice aurait été bâti sur un temple romain. Saint Nizier, à l'origine de nombreux miracles, y serait enterré. L'église actuelle, des XIVe et XVe s., est de style gothique flamboyant, mais son portail date de la Renaissance et le clocher sud de la fin du XIXe s. À l'intérieur, dans le transept sud, remarquez la magnifique *Vierge* d'Antoine Coysevox. Petite étrangeté : le chevet de l'église abrite un fleuriste !

Pl. Saint-Nizier • ☎ 04 72 41 18 05 • http://saintnizier.fr • Lun. 15h-18h30, mar.-ven. 8h-19h45, sam. 10h-18h30, dim. 9h-20h • Accès libre.

8 MUSÉE DE L'IMPRIMERIE***

Ce musée didactique retrace l'histoire du livre, de ses origines à nos jours, sans oublier la typographie et les nombreuses méthodes d'impression. Sa très riche collection de documents anciens, de machines et d'outils met aussi en lumière la tradition lyonnaise de l'imprimerie. Pour son cinquantenaire, célébré en 2014, le musée s'est offert un bon coup de dépoussiérage grâce à une toute nouvelle muséographie.

Ceux que l'imprimerie ne passionne pas pourront toujours admirer l'hôtel particulier du XVe s. où l'on battait la monnaie.

Lyon et l'imprimerie

Le premier livre imprimé en français sort en 1476 des imprimeries lyonnaises. Un siècle plus tard, Lyon devient l'une des capitales européennes du livre avec Paris, Anvers, Bâle et Venise. Ce n'est pas un hasard : la ville est au carrefour des routes d'Allemagne, d'Italie, d'Espagne et du Nord et vit au rythme des foires annuelles. Dès le milieu du XVe s., elle multiplie les échanges commerciaux et devient un centre culturel où s'échangent les idées nouvelles. Mais Lyon dispose aussi de la matière première, le papier, produit dans l'Auvergne voisine. Si la tradition s'est essoufflée, Lyon ne demeure pas moins, en France, la ville de l'imprimerie.

Le musée

Cet hôtel particulier du XVe s. fut le premier hôtel de ville de Lyon. Il s'articule autour d'une cour, entourée de galeries à l'italienne, où est conservé le moulage de la table Claudienne (p. 28). Installé sur plusieurs niveaux autour de magnifiques escaliers à vis, le musée est l'un des plus importants de l'histoire de l'imprimerie et de la communication graphique en Europe. Outre les méthodes techniques, il met en lumière la typographie et replace, dans un contexte plus général, le rôle de l'imprimerie dans la démocratie et la diffusion des religions.

Les collections

Le musée rassemble cinq siècles de documents : livres, journaux, périodiques, estampes, publicités, papier à en-tête mais aussi planches de cartes à jouer et même des « billets de bras », témoignages des mœurs bourgeoises d'autrefois, pour prévenir une dame qu'on allait la conduire à table. Le musée présente, bien sûr, des presses à imprimer, bois gravés, pierres lithographiques et des outils d'imprimerie... mais aussi un ordinateur Apple des années 1980. Remarquez, enfin, la Lumitype, une invention lyonnaise, dont le fragile disque de 600 g remplaça les tonnes de plomb de l'imprimerie. La photocomposition bouleversa le métier d'imprimeur.

13, rue de la Poulaillerie • ☎ 04 78 37 65 98 • www.imprimerie.lyon.fr • Mer.-dim. 10h30-18h • Entrée plein tarif : 6 €.

❾ MAXI BAZAR

Dans cet ancien bâtiment de la Banque de France, on trouve tout et n'importe quoi pour la maison. Mais on y vient surtout pour admirer la sublime verrière qui coiffe tout l'édifice ! Au sous-sol, la salle des coffres existe toujours.

14-16, rue de la République • ☎ 09 72 57 80 38 • www.maxibazar.fr • Lun.-sam. 10h-20h.

❿ LA MAISON POZZOLI*

Cette boulangerie à l'ancienne travaille le pain avec du matériel d'époque et le cuit au feu de bois. Quant aux farines, elles sont en grande partie composées de blés d'origine régionale permettant une grande traçabilité. Boulanger et meilleur ouvrier de France en 2004, François Pozzoli fournit les meilleures tables lyonnaises.

18, rue Ferrandière • ☎ 04 78 42 66 27
• www.boulangerie-pozzoli.com
• Lun.-sam. 7h-19h45 (sam. 19h).

⓫ PLACE DES JACOBINS***

Cette place rénovée en 2013 doit son nom au couvent des Jacobins qui, avec l'hôtel de la Monnaie, l'encadrait autrefois. Elle est d'ailleurs construite sur le cimetière des religieux. En 1885, elle s'orne de la fontaine de Gaspard André et du sculpteur Delaplanche. Sous le temple de l'Art, elle représente les plus grands artistes lyonnais : l'architecte Philibert Delorme (XVIe s.), le graveur Gérard Audran (XVIIe s.), le sculpteur Guillaume Coustou (XVIIIe s.) et le peintre Hippolyte Flandrin (XIXe s.).

⓬ Pour une pause people : Le Grand Café des Négociants**

Entre ces murs des années 1860, diamantaires, soyeux et chevillards négociaient tout en communiquant par signes grâce aux nombreux miroirs. Aujourd'hui, dans ce décor du Second Empire aux plafonds moulurés, on croise artistes, politiques et célébrités du ballon rond, le café appartenant au footballeur Éric Abidal et à son agent, David Venditelli.

1, pl. Francisque Régaud • ☎ 04 78 42 50 05 • www.lesnegociants.com • T. l. j. 7h-4h (restauration continue 12h-minuit) • Formules du jour : 22,90-26,50 €.

7 Les pentes DE LA CROIX-ROUSSE

Restos, bistrots p. 110 | Bars, clubs p. 135 | Boutiques p. 169

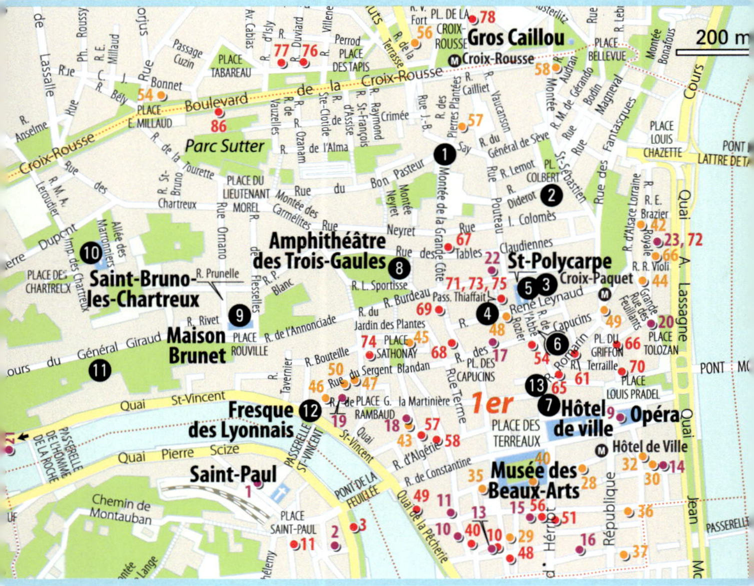

Hier encore, le cliquetis des métiers à tisser s'échappait des ateliers des canuts. Dans ce dédale de ruelles escarpées, de traboules et de grands escaliers, il est facile de se perdre : c'est bien là tout le charme de ce quartier populaire en voie de gentrification où se multiplient les boutiques de créateurs.

1 MONTÉE DE LA GRANDE-CÔTE***

Entièrement piétonne, la montée de la Grande-Côte vous mène en ligne droite (mais pentue !) jusqu'au plateau de la Croix-Rousse. Elle est bordée d'échoppes, de petits ateliers de création et de boutiques indépendantes. Elle traverse

ensuite le **jardin paysager de la Grande-Côte** puis débouche sur un magnifique **belvédère** d'où l'on peut profiter de la vue sur les toits dorés du Vieux-Lyon et de la Presqu'île.

❷ COUR DES VORACES***

Non, ce n'est pas un coupe-gorge ! La cour des Voraces est la plus emblématique des traboules (p. 40) de la Croix-Rousse. Elle donne sur un immeuble datant de 1840 doté d'un escalier à volée libre, tout à la fois austère et graphique, desservant 8 niveaux. Elle débouche d'un côté sur la montée Saint-Sébastien et de l'autre sur la rue Imbert-Colomès. La cour des Voraces aurait abrité l'état-major de la société des Voraces, un club secret de canuts bons vivants et républicains qui participèrent à la révolution de 1848.

Accès au 9, pl. Colbert.

❸ GALERIE LE RÉVERBÈRE**

Pionnière en France, la galerie Le Réverbère se consacre à la photographie depuis plus de trente ans. Elle fut l'une des premières à exposer les clichés de William Klein. Depuis, elle a présenté de nombreux artistes dont Bernard Plossu, Rip Hopkins, Denis Roche... Vous ne les connaissez pas ? Courez les découvrir. Les amateurs d'art contemporain remonteront ensuite la rue, qui compte plusieurs galeries.

38, rue Burdeau • ☎ 04 72 00 06 72 • www.galerielereverbere.com • Mer.-sam. 14h-19h et sur r.-v.

❹ PASSAGE THIAFFAIT***

Ce passage monumental, qui porte le nom du propriétaire des immeubles au XIXe s., relie la rue René-Leynaud à la rue Burdeau par un majestueux double escalier. Derrière ce porche monumental se trouvent des boutiques-ateliers soutenus par le **Village des Créateurs** (p. 171). Si certaines sont fermées, jetez un œil à la boutique VDC|B un concept store multicréateurs idéal pour dégoter des cadeaux.

19, rue René-Leynaud.

❺ ÉGLISE SAINT-POLYCARPE**

Dans ce renfoncement de rue, la façade de cette église surprend : elle fut ajoutée à l'édifice par Toussaint Loyer en 1756. À l'intérieur, on conserve pieusement le cœur de Pauline-Marie Jaricot, la fondatrice de la Propagation de la foi, une œuvre catholique qui, dans les années 1820, persuada les ouvriers de donner un sou chaque semaine pour soutenir le mouvement missionnaire.

25, rue René-Leynaud • ☎ 04 78 39 01 06 • www.paroisses-pentes-et-saone.fr • Mar.-mer. et ven. 10h-12h • Accès libre.

❻ Pour une pause : La Boîte à Café***

Balance, siphon, cafetière en verre... Ce torréfacteur et barista a tout d'un apothicaire. Pas d'affolement : ces ustensiles sont là pour mieux sublimer les délicieux arômes des expressos (1,50 €) et des cappuccinos (2,90 €) qui nous catapultent en une gorgée sur les plateaux d'Éthiopie, de Colombie ou du Salvador. À glisser dans la valise : petits gâteaux et moka (5-7 € les 250 g).

3, rue de l'Abbé-Rozier • ☎ 04 27 01 48 71 • www.cafemokxa.com • Lun.-ven. 7h30-19h, sam. 9h-19h, dim. 10h-19h.

❼ ATELIER DE SOIERIE***

L'Atelier de Soierie vous montre l'impression sur soie, appelée aussi impression au cadre ou à la Lyonnaise. Après avoir tendu leur rouleau de soie, les artisans impriment le motif d'un foulard à l'aide d'un pochoir : c'est le principe de la sérigraphie. Le carré de soie est à l'honneur mais on y fabrique aussi des cravates, des pochettes, des châles ou des pannes de velours, en vente à la boutique (p. 163).

33, rue Romarin • ☎ 04 72 07 97 83 • www.atelierdesoierie.com • Lun.-ven. 9h30-13h et 14h-18h30, sam. 9h-13h et 14h-18h.

❽ AMPHITHÉÂTRE DES TROIS-GAULES***

Il ne reste qu'un tiers de cet amphithéâtre gallo-romain édifié en l'an 19, autrefois aussi vaste que les arènes de Nîmes. Il réunissait chaque été les représentants des 60 nations gauloises formant le Conseil des Gaules. Agrandi cent ans plus tard, il pouvait accueillir 20 000 spectateurs. C'est ici qu'eurent lieu les premières persécutions chrétiennes, avec le supplice de 48 martyrs dont sainte Blandine, en 177 (p. 29).

Rue des Tables-Claudiennes • F. au public mais visible.

❾ MAISON BRUNET*

Surnommé la « maison aux 365 fenêtres », ce bâtiment est une curiosité. Son architecte, Brunet, fit intervenir une dimension très temporelle dans l'élaboration de ses plans : 365 fenêtres pour les jours de l'année, 7 niveaux pour les jours de la semaine, 52 appartements pour le nombre de semaines dans l'année, 4 entrées pour les saisons ! Si vous ne le croyez pas, amusez-vous donc à compter !

5 et 6, pl. Rouville • Visible de l'extérieur uniquement.

❿ ÉGLISE SAINT-BRUNO-LES-CHARTREUX**

Cette église, construite au XVIIe s. puis enrichie au XVIIIe s., est la

seule de l'époque baroque à Lyon. Elle doit sa magnifique coupole octogonale à Ferdinand Delamonce et, à l'intérieur, son immense et impressionnant baldaquin à Giovanni Servandoni, architecte de la façade de l'église Saint-Sulpice à Paris. Enfin, peintures et sculptures du XVIIIe s. viennent compléter ce splendide décor.
56, rue Pierre-Dupont • ☎ 04 78 28 41 68 • http://paroissesaintbruno.pagesperso-orange.fr • Lun.-sam. 15h-17h • Accès libre.

⓫ JARDIN DES CHARTREUX**

Appartenant aux anciens domaines des Chartreux, le jardin domine la vallée de la Saône et offre de très beaux points de vue. Aménagé au XIXe s. sur les pentes, il fut conçu selon l'esprit romantique, avec des allées sinueuses bordées de beaux arbres, dont certains rares, tels que le maclura, l'oranger, le frêne pleureur ou le hêtre pourpre. À l'extrémité est, se trouve la statue de Pierre Dupont (1821-1870), chansonnier et compositeur de la Croix-Rousse.
36, cours Général-Giraud • Ouv. de l'aube au crépuscule.

⓬ FRESQUE DES LYONNAIS**

Réalisée en 1995 par CitéCréation, cette fresque de 800 m^{2} met en scène, aux balcons d'un immeuble,

⓭ Pour une pause insolite : La Bicycletterie★★★

À plat ? Avec un vélo désossé pour décor, la Bicycletterie vous remet vite en selle avec ses jus de fruits artisanaux (3 €), ses gâteaux (4 €) et ses formules « contre la montre » (7,50 €) à midi. Et si vous avez crevé vos pneus, poussez votre bicyclette vers l'atelier de réparation (et de vente) au fond du café.

16, rue Romarin • ☎ 04 37 92 04 96 • www.la-bicycletterie.com • Mar.-ven. 8h30-19h, sam. 9h30-19h.

24 personnalités qui ont fait l'histoire de Lyon. On remonte le temps avec, entre autres, au rez-de-chaussée l'abbé Pierre, Paul Bocuse et Bernard Pivot ; au 1er étage, les frères Lumière, Tony Garnier et Marcel Mérieux ; au 2e, Antoine de Saint-Exupéry, André-Marie Ampère et Puvis de Chavannes ; au 3e, Pauline Jaricot, Mme Récamier, l'empereur Claude. Enfin, au dernier étage, sainte Blandine et saint Irénée.
Rue de la Martinière.

8 Le plateau DE LA CROIX-ROUSSE

Restos, bistrots p. 114 | Boutiques p. 172

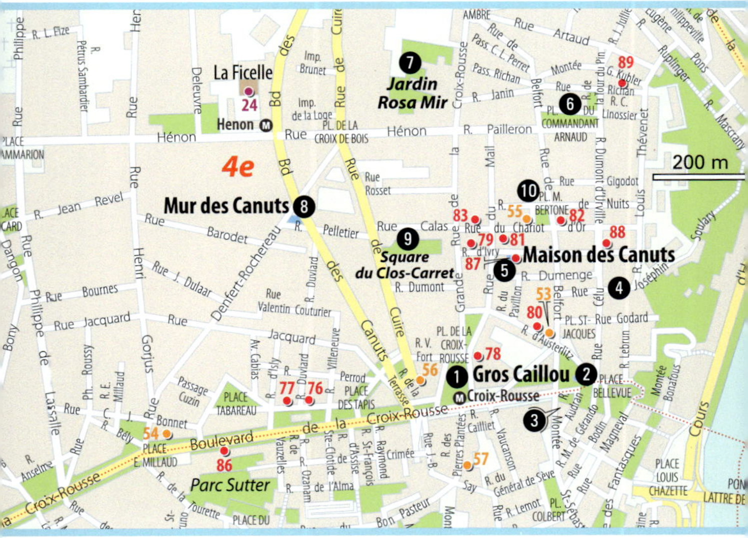

Quartier à part, la Croix-Rousse est comme un village dans Lyon. La raison est historique : le plateau, rattaché à la ville en 1852, ne se développa qu'avec les canuts, qui remplacèrent cultivateurs et marchands de vin. Les immeubles du quartier, dotés de hauts plafonds et de nombreuses fenêtres, sont donc très caractéristiques.

1 STATUE DE JACQUARD*

Joseph Marie Jacquard (1752-1834) a révolutionné le métier à tisser. En 1806, il perfectionne un système de sélection des fils de chaîne grâce à un programme inscrit sur des cartons perforés. Résultat, un seul ouvrier suffit à exécuter des motifs complexes. Sa statue, réalisée par Denis Foyatier en 1840, fut fondue durant la Seconde Guerre mondiale. Elle

Visites d'idées

Si par hasard, un dimanche après-midi, vous tombez sur deux trublions suivis d'une foule compacte et hilare, surtout joignez-vous à eux. Ces « Visites d'idées » missionnées par le « Ministère des Rapports Humains » sont menées par Gérald Rigaud et Jaques Douplat qui racontent à leur façon « l'histoire véridiquement subjective de la Croix-Rousse ». Loufoques, ces deux comédiens, qui n'ont pas la langue dans leur poche, improvisent à chaque coin de rue. Un vrai spectacle ambulant de 1h30 (participation libre). Pour être sûr de les voir, jetez un œil sur leurs dates.

www.ministeredesrapportshumains.com

fut remplacée en 1947 par une copie réalisée par Élie Ottavy.
Pl. de la Croix-Rousse.

❷ LE GROS CAILLOU***

Il n'est pas si imposant que cela, mais c'est tout un symbole pour les Croix-Roussiens ! Découvert en 1890 par des ouvriers construisant la Ficelle (le funiculaire), il s'agit en fait d'une moraine, un débris de roche entraîné par un glacier, qui, au quaternaire (il y a environ 1,64 million d'années), se la coulait douce dans la vallée du Rhône. Selon la légende, cette pierre serait le cœur d'un homme qui avait mis à la rue une famille de canuts en plein hiver. De la place Bellevue, on a une vue imprenable sur le Rhône et la rive gauche de Lyon.
Au niveau du 180, bd de la Croix-Rousse.

❹ RUE JOSÉPHIN-SOULARY***

Après avoir arpenté le plateau de la Croix-Rousse, empruntez la rue Joséphin-Soulary et ses 440 marches jusqu'aux berges

❸ Pour une pause montagnarde (ou estivale) : Café du Gros Caillou★

Est-ce parce que l'on domine Lyon depuis ce restaurant que la carte propose, l'hiver, un menu montagnard avec fondue (18 €) et tartiflette (18 €) ? Dès l'été, place aux salades (13,50-14,50 €) et à la planche apéro (13 €), à déguster sur les transats. La terrasse est une merveille.

180, bd de la Croix-Rousse • ☎ 04 78 27 22 37 • www.lecafedugroscaillou.fr • T. l. j. 9h30-1h.

du Rhône ! Bordée de petites maisons et de hauts murs derrière lesquels on devine de beaux jardins et des splendides propriétés, elle dégage toujours une atmosphère particulière.

❺ MAISON DES CANUTS★★★

Une visite guidée de ce petit musée s'impose pour mieux comprendre les cinq siècles d'histoire de la soie et des canuts à la Croix-Rousse. Ainsi, l'invention de Jacquard est expliquée directement par des démonstrations de tissage sur métiers à bras. On y apprend comment faire une mise en carte et transformer un dessin en données techniques pour

le tisser. Il est aussi question du cycle du ver à soie et de l'histoire sociale des canuts.
10, rue d'Ivry • ☎ 04 78 28 62 04 • www.maisondescanuts.fr • Lun.-sam. 10h-18h30 • Visite guidée : 11h et 15h30 • Entrée plein tarif : 7 €.

❻ BRÉLON DE LYON**

Dans l'atelier de Fabio, qui fleure bon l'huile de vidange et l'essence, tout tourne autour des Vespa qu'il répare dans une déco années 1950. Pour les Mobylette, motocyclettes et Solex des années 1950 à 1970, il faut demander Arnaud. À défaut de rentrer chez soi en deux-roues, on pourra toujours tenter la balade en Solex (p. 192) à travers la Croix-Rousse (1h30, 35 €) ou dans le reste de la ville. C'est unique !
7, pl. du Commandant-Arnaud • ☎ 06 51 70 02 98 • www.lebrelondelyon.fr • Mar.-sam. 9h-12h et 15h-19h.

❼ JARDIN ROSA-MIR***

Ce petit jardin secret fait penser aux délires du facteur Cheval avec ses colonnes et vasques de ciment incrustées de pierres et de coquillages. C'est en fait l'œuvre d'un maçon espagnol, Jules Sénis Mir. Né en 1913 à Valence, opposant au régime franquiste, il s'expatrie à Lyon en 1951. Gravement malade, il fait le vœu d'édifier un jardin à la Croix-Rousse, vœu auquel il consacre les 25 dernières années de sa vie. Le jardin porte le nom

de sa mère, Rosa Mir Mercader.
87, Grande-Rue-de-la-Croix-Rousse • http://rosa.mir.free.fr • Visite guidée slt : avr.-nov. sam. 15h et 18h.

8 MUR DES CANUTS*

Le plus grand trompe-l'œil européen (1 200 m²) dépeint la vie du quartier avec ses escaliers et ses traditions, dont le travail de la soie et Guignol. Réalisée en 1987, la fresque est modifiée 10 ans plus tard pour l'adapter à l'époque : la Mégane est remplacée par la Vel Satis, élue voiture de l'année, les enfants ont grandi et une grand-mère est effacée. En 2013, le vélo en bas de la fresque est remplacé par un Vélo'v.
Angle bd des Canuts et rue Denfert-Rochereau.

❾ SQUARE DU CLOS-CARRET*

Niché entre les maisons du plateau de la Croix-Rousse, le Clos-Carret est un jardin de 3 320 m^2 où l'on jouait autrefois aux boules - son nom est celui d'un ancien champion. Aujourd'hui, on s'amuse à chercher les sculptures de Jean-François Gavoty : têtes de chien sur les grilles ou reptiles sur des pierres ! Un jardin d'ombre, un verger et un potager ornemental, les ambiances varient. À la nuit tombée, le sol diffuse une étrange lumière rouge.

38, rue de Cuire et 3, rue Calas.

❿ Pour une pause parmi les habitués : Café de la Soie**

Une sympathique ambiance de quartier flotte sur la place Bertone, remplie de rires de *gones* (« enfants ») après l'école. À la terrasse, les habitués viennent prendre un verre et les touristes, en route pour la maison des Canuts, s'arrêtent le temps d'une pause (formule midi à 13,50 €).

5, pl. Bertone • ☎ 04 78 28 71 37 • www.cafedelasoie.fr • T. l. j. 9h-1h (cuisine : lun.-jeu. 12h-15h ; ven.-dim. 12h-15h et 19h-22h30).

9 Autour du parc DE LA TÊTE D'OR

Restos, bistrots p. 115 | Bars, clubs p. 137 | Boutiques p. 176

Le parc de la Tête d'or, exceptionnel poumon vert urbain, attire les joggeurs et les familles venues saluer les animaux du zoo ou admirer les fleurs du jardin botanique. Une ambiance qui contraste avec celle de la Cité internationale. Enfin, la gare des Brotteaux vous invite à un voyage immobile.

❶ PARC DE LA TÊTE D'OR***

En 1857, les frères paysagistes Denis et Eugène Bühler aménagent un vaste espace de détente.
À partir d'un bras du Rhône, ils créent un lac de 16 ha autour duquel se développe un magnifique parc à l'anglaise de 105 ha, l'un des plus grands et plus beaux parcs urbains français. Il compte près de 8 800 arbres dont quelques beaux spécimens : platanes de 40 m de haut, cèdres du Liban, ginkgos bilobas, et une roseraie riche de 30 000 rosiers ! Le tout à côté d'un **zoo** où rugissent les tigres du Bengale et d'un **jardin botanique.** Ici, les activités pour les familles ne manquent pas, ni les kiosques où se restaurer : la Buvette des Cygnes, près du lac, est une bonne pioche.

Entrées : pl. du Général-Leclerc, bd des Belges, av. Verguin • ☎ 04 72 10 30 30 • www.lyon.fr • Parc : 15 avr.-14 oct. t. l. j. 6h30-22h30 ; 15 oct.-14 avr. t. l. j. 6h30-20h30 • Parc zoologique : avr. et oct. t. l. j. 9h-18h ; mai-sept. t. l. j. 9h-18h30 ; nov.-mars t. l. j. 9h-17h • Accès libre.

❷ CITÉ INTERNATIONALE*

C'est à Renzo Piano et au paysagiste Michel Corajoud que l'on doit cette architecture de brique et de verre (1995-1997). Outre le siège d'**Interpol,** cet ensemble abrite le **musée d'Art contemporain,** un **cinéma,** le

palais des Congrès, des bureaux, des restaurants et un casino. On y croise ***Les Habitants*** de l'artiste Xavier Veilhan, 6 sculptures monumentales en résine monochrome de couleurs vives représentant des usagers de la Cité et des animaux.

Quai Charles-de-Gaulle
• www.ccc-lyon.com

❸ MUSÉE D'ART CONTEMPORAIN★★★

En perpétuel mouvement, ce musée n'expose pas de collection

❹ Pour une pause gaufres : Miwam★★

Filez chez Miwam pour une pause saine et gourmande. Créé par Sébastien Bras, le fils du chef triplement étoilé Michel Bras, Miwam propose des recettes originales de gaufres salées et sucrées à savourer dans la serre du magasin Botanic. Produits locaux, certification bio, ici, on mise sur une cuisine saine, équilibrée et savoureuse. On craque pour le Miwam Jaune jambon-emmental-pâtes-moutarde-épices et pour la version sucrée avec orange confite bio.

125 bd de Stalingrad (à l'intérieur du magasin Botanic), Villeurbanne • ☎ 04 37 42 69 93 • http://miwam.fr • T. l. j. 10h-18h • Formule complète à partir de 7,85 €.

permanente malgré son fonds de plus de 1100 œuvres d'art. Son parcours est ainsi modulé à chaque exposition d'artiste. Attention, entre celles-ci, le musée ferme ses portes pour une durée moyenne de 6 semaines, temps nécessaire à la préparation de la prochaine scénographie. L'édifice marie une façade des années 1930 - les anciens palais de la Foire de Lyon - à un volume de brique rouge.

81, quai Charles-de-Gaulle • ☎ 04 72 69 17 17 • www.mac-lyon.com • Mer.-dim. 11h-18h lors des expositions • Entrée plein tarif : 8 €.

❺ ANCIENNE GARE DES BROTTEAUX***

Plus un seul train ne part de cette gare, mais il y flotte encore, étrangement, une invitation au voyage. Construite par Paul d'Arbaut en 1908, elle a conservé sa façade et sa salle des pas-perdus. La grande verrière qui abritait autrefois les voies a disparu. Réhabilitée en 1988, la gare accueille désormais un hôtel des ventes, des bureaux, un bar, une discothèque et des restaurants, dont **L'Est** (p. 120), l'une des brasseries de Paul Bocuse.

Pl. Jules-Ferry.

10 Autour de la Guillotière ET DE LA PART-DIEU

Restos, bistrots p. 116 | Bars, clubs p. 140 | Boutiques p. 177

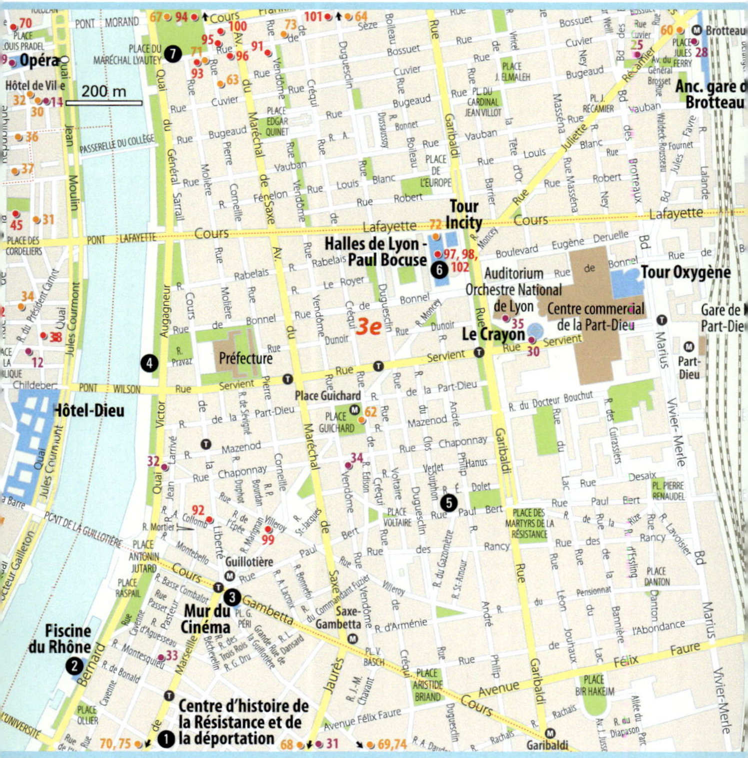

La rive gauche du Rhône a conservé une ambiance villageoise malgré sa proximité avec la touristique place Bellecourt. Entre une visite au Centre d'histoire de la Résistance et de la déportation et une halte gourmande aux Halles de Lyon-Paul Bocuse, cap sur les berges du Rhône pour une parenthèse urbaine.

❶ CENTRE D'HISTOIRE DE LA RÉSISTANCE ET DE LA DÉPORTATION***

On ne sort pas indemne de ce musée : il retrace l'histoire de la Résistance, de sa répression, et dessine le contexte social et politique de Lyon pendant la Seconde Guerre mondiale. Témoignages, photographies, objets rythment ce parcours scénographique dynamique. Dans les murs mêmes où Klaus Barbie dirigeait la Gestapo, les extraits diffusés de son procès historique ont une résonance particulière.

Le siège de la Gestapo

Ce n'est pas un hasard si ce centre s'est installé dans l'ancienne école du service de santé des armées : celle-ci fut le siège de la Gestapo de Klaus Barbie en 1943, avant d'être bombardée par les Alliés le 26 mai 1944. On y interrogeait et torturait résistants et juifs. Jean Moulin, arrêté le 21 juin 1943 à Caluire lors d'une réunion clandestine, y subit des sévices dont il mourut lors de son transfert vers l'Allemagne.

L'exposition permanente

À travers une approche sensible et intimiste, le centre apporte un éclairage poignant sur l'histoire de la Résistance, de sa répression, et sur le contexte social et politique lyonnais de 1940 à 1945. Six parties rythment ce parcours scénographique moderne accompagné de témoignages audiovisuels, de lettres et d'objets. Parmi eux, le parachute de Jean Moulin et des manuscrits de déportés, jetés de trains en partance pour l'Allemagne. Les photographies de Charles Bobenrieth, Émile Rougé et André Gamet viennent documenter les scènes de la vie

lyonnaise. Un intérieur des années 1940 a même été reconstitué ainsi qu'une imprimerie clandestine.

Les expositions temporaires

Le centre accueille des expositions sur le thème de la guerre et de la répression en général. En 2017, l'exposition « Les jours sans » nous plonge dans le quotidien des Français pendant la guerre, à travers la question du manque de nourriture.

Le procès Klaus Barbie

En juillet 1987, Klaus Barbie est jugé coupable de crimes contre l'humanité et condamné à la réclusion criminelle à perpétuité par la cour d'assises du Rhône, à Lyon. En France, son procès est le premier du genre à avoir été filmé. Des extraits sont projetés dans la salle de cinéma, issus du film documentaire *Le procès Barbie : justice pour la Mémoire et l'Histoire*. Les témoignages sont bouleversants (projections à 10h30, 12h, 14h30, 15h30 et 16h30).

14, av. Berthelot • ☎ 04 78 72 23 11 • www.chrd.lyon.fr • Mer.-dim. 10h-18h ; f. billetterie 30 min avant • Entrée plein tarif : 6 € musée, 6 € exposition, 8 € billet jumelé.

❷ PISCINE DU RHÔNE**

À deux brassées du Rhône, sur les berges et en plein air, les amateurs de crawl, de papillon ou de simples trempettes se retrouvent dans les bassins de 50 et 70 m. Inaugurée en 1965, cette piscine s'est enrichie d'une rivière à courant, de toboggans et de bains bouillonnants... Idéal pour buller dans une ambiance vacancière. À ne pas manquer : la vue depuis le restaurant panoramique (ouv. été 2017).

8, quai Claude-Bernard • ☎ 04 78 72 04 50 • www.lyon.fr • Lun.-ven. 12h-20h, sam.-dim. 12h-18h ; f. billetterie 45 min avant • Bassins ouv. tte l'année, espace ludique (toboggans, rivière à contre-courant, etc.) ouv. l'été slmt • Entrée plein tarif : à partir de 3,40 €.

❸ MUR DU CINÉMA*

Ce mur peint de 500 m², une œuvre de CitéCréation (1996), rend hommage au cinéma. Côté droit, il reproduit une scène tirée de *La Sortie de l'usine Lumière à Lyon*, le premier film tourné

❺ Pour une pause « box » : Konditori**

Dans ce resto à la décoration scandinave, on se régale d'un bon café de barista signé Mokxa, d'un plat du jour (tarte ricotta-épinards-citron, filet mignon...), de desserts gourmands ou d'un brunch revigorant. Vous pouvez également prendre une lunchbox à emporter, saine et savoureuse, comme le gâteau de polenta, épinards, pignons de pin, feta, avocat et tomates confites. Les plats changent chaque jour.

85, rue Paul-Bert • ☎ 04 78 60 49 01 • www.konditori.fr • Lun.-ven. 11h30-15h, sam.-dim. 11h-17h • Plat du jour : 12,50 €, formule brunch : 23 €.

avec le Cinématographe des frères Lumière (p. 90). Côté gauche, il reprend des affiches de films réalisés à Lyon, dont le fameux *Horloger de Saint-Paul*.

Pl. Gabriel-Péri.

❹ BERGES DU RHÔNE**

Au moindre rayon de soleil, joggeurs, skateurs et nageurs envahissent les berges du Rhône. Parenthèse urbaine, on y pique-nique face à la somptueuse rive gauche, près des cafés-péniches. Les vacances sont (presque) au bout du quai, que l'on peut remonter du parc Gerland à la Cité internationale.

❻ HALLES DE LYON-PAUL BOCUSE**

Le dimanche matin, les halles grouillent d'habitués et d'amateurs de bonne chère venus des quatre coins du monde. Un coup d'œil aux vitrines suffit à faire valser n'importe quelle résolution de régime. Et pour cause. La crème des produits y est présentée. Remplissez votre sac de provisions tout en butinant un plateau d'huîtres par ici, un verre de côtes-du-rhône par là, un dessert pour terminer... Et si vous avez encore faim, passez derrière les fourneaux : il y a même des cours de cuisine (Toqués des Halles, ☎ 04 78 89 24 07) !

102, cours Lafayette • ☎ 04 78 62 39 33 • www.halles-de-lyon-paulbocuse.com • Mar.-sam. 7h-22h30, dim. et j. f. 7h-13h.

❼ PLACE MARÉCHAL-LYAUTEY***

Cette charmante place ombragée se situe dans la continuité du pont Morand, dont la création originale revient au Lyonnais Jean-Antoine Morand, soucieux de développer le quartier des Brotteaux en le reliant aux Terreaux. À noter, la fontaine monumentale, qui fut commandée en 1865 par les Lyonnais pour remercier Napoléon III d'avoir supprimé les péages sur les ponts du Rhône.

La capitale de la Résistance

C'est en ces termes que le général de Gaulle parle de Lyon lors de sa visite en septembre 1944. En effet, si la ville fut occupée deux fois par les Allemands, du 19 juin au 7 juillet 1940 et du 11 novembre 1942 au 2 septembre 1944, elle demeura en zone libre entre ces deux périodes. Journalistes et écrivains s'y retrouvèrent, donnant naissance à une presse clandestine en même temps que s'organisaient de puissants mouvements de résistance.

LES IMPRIMERIES CLANDESTINES

À partir de novembre 1940, la Résistance s'organise sous forme de propagande contre l'occupant, contre le Service du travail obligatoire en Allemagne ou en faveur du général de Gaulle. Des presses clandestines impriment des affiches qui sont placardées sur les murs, des tracts distribués sous le manteau et des périodiques, dont les plus connus sont *Combat*, *Le Coq enchaîné*, *Libération* et *Franc-Tireur*. De cette **presse clandestine** naissent les trois principales organisations de la Résistance : le mouvement Combat, le mouvement Libération et le mouvement Franc-Tireur. Les presses, cachées dans les caves des immeubles, servaient aussi à la fabrication de faux papiers. Une de ces imprimeries se situait au n° 26 de la place Bellecour, alors que des services de la Gestapo se trouvaient au n° 33 et les locaux de la Milice française au n° 16 !

LA GESTAPO

À partir du 11 novembre 1942, Lyon est investi par la Gestapo. Elle réquisitionne l'Hôtel Terminus près de Perrache, puis installe son QG au n° 14 de l'avenue Berthelot, dans les bâtiments de l'école du service de santé des armées, qui abritent aujourd'hui le **Centre d'histoire de la Résistance et de la déportation** (p. 81). Quant au **fort Montluc**, il sert alors de prison (p. 88). À la fin de l'année 1942, Klaus Barbie est muté à Lyon avec pour mission « la répression des crimes et délits politiques, la chasse aux réfractaires et aux juifs », mais surtout le démantèlement des réseaux de la Résistance. Tous les moyens sont bons : filatures, infiltrations, tortures, arrestations, exécutions. Sur une dénonciation, le « boucher de Lyon » captura Jean Moulin.

JEAN MOULIN

En désaccord avec le gouvernement de Vichy, Jean Moulin (1899-1943) est révoqué de ses fonctions de préfet et rejoint le général de Gaulle à Londres en octobre 1941. Celui-ci le charge alors d'unir les mouvements de résistance en France. Parachuté en janvier 1942 en Provence, il installe sa base à Lyon et constitue les **Mouvements unis de la Résistance** (MUR). Un an plus tard, on compte à Lyon plus d'un millier de volontaires. À la tête de cette armée secrète, il se fait appeler Max, mais le 21 juin 1943, lors d'une réunion dans une maison à Caluire, il est arrêté par la Gestapo. Torturé durant deux jours, il meurt d'épuisement lors de son transfert vers l'Allemagne. Ses cendres reposent au Panthéon.

3 SEPTEMBRE 1944 : LYON LIBÉRÉ

Le 15 août 1944, lors de **l'opération Dragoon,** les troupes d'assaut françaises et américaines débarquent sur les plages de Provence et remontent rapidement la vallée du Rhône. Les Allemands se replient alors vers le nord-est, et, avant de quitter la ville, incendient les gares de Perrache et des Brotteaux. Le 2 septembre 1944, la veille de la libération de Lyon, ils font sauter un par un les ponts et passerelles du Rhône et de la Saône pour ralentir l'avancée des troupes et immobiliser les Lyonnais. Seuls le pont de l'Homme-de-la-Roche et la passerelle Saint-Vincent sur la Saône sont intacts grâce à l'intervention d'un résistant qui désamorce les charges. Le 3 septembre, la pluie fait place au soleil et, dès 6h, les soldats alliés investissent la Presqu'île sans difficulté.

LE CENTRE D'HISTOIRE DE LA RÉSISTANCE ET DE LA DÉPORTATION

Situé symboliquement depuis 1992 dans les locaux occupés par la Gestapo, ce musée (p. 81) retrace l'histoire de la Résistance et de la déportation, en particulier à Lyon et dans la région, lors de la Seconde Guerre mondiale. L'exposition permanente s'appuie sur de très riches témoignages écrits, sonores et visuels qui invitent à méditer sur la dignité de l'homme.

11 Monplaisir, BERCEAU DU CINÉMA

Restos, bistrots p. 121 | Bars, clubs p. 142 | Boutiques p. 181

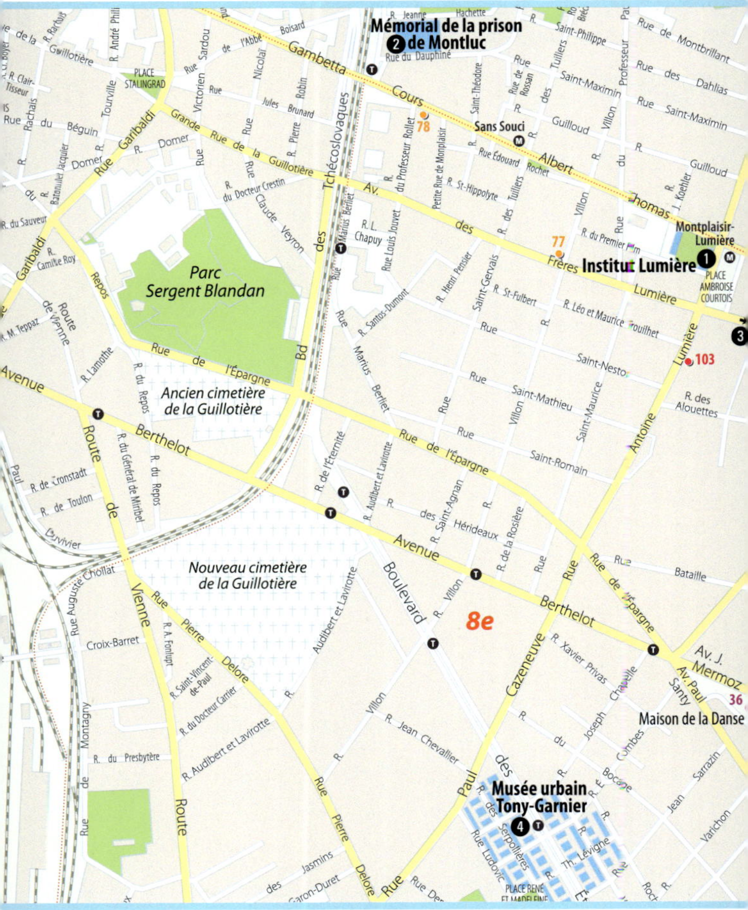

Dans ce quartier un peu excentré, la vie bat au rythme du 7e art. Autrefois siège des usines Lumière, aujourd'hui lieu incontournable du cinéma, Monplaisir est un quartier à l'esprit villageois : les Lyonnais aiment venir y flâner sur les marchés et découvrir de jolies adresses gourmandes ou shopping. Poussez jusqu'au boulevard des États-Unis : un étonnant ensemble architectural vous y attend.

❶ INSTITUT LUMIÈRE***

L'institut Lumière, c'est à la fois une magnifique villa où vécurent Antoine Lumière et ses deux fils, Auguste et Louis, un musée d'histoire du cinéma et une salle avec des projections quotidiennes de classiques et des rétrospectives (dans les anciens hangars et en plein air de juin à septembre). Cet institut perpétue la mémoire des inventions de la famille Lumière.

La villa Lumière

À la fin du XIXe s., les Lumière installent leurs usines dans le quartier Monplaisir, où ils bâtissent en 1902 une magnifique villa dans le plus pur style Art nouveau : murs peints, escaliers et lustres monumentaux, plafonds décorés de paons en céramique, verrières, jardin d'hiver, cheminées richement sculptées, marbres de couleur... On peut y voir la chambre d'Antoine Lumière, entièrement reconstituée.

Le musée Lumière

Le musée retrace le long chemin qui mène en 1895 à l'invention du Cinématographe par Louis Lumière, des lanternes magiques aux plaques autochromes. À l'occasion des 30 ans de l'institut Lumière en 2013, le musée a été rénové et ses collections enrichies. Une salle multimédia permet désormais de découvrir les films Lumière et les photos de famille. Mais rien ne vaut le Photorama, un procédé de photographie panoramique permettant de saisir le paysage à 360° sur un seul cliché et de le projeter sur un écran cylindrique.

Le hangar du Premier-Film et le mur des Cinéastes

Des usines Lumière, il ne reste plus que ce hangar qui servit en 1895 de décor au tournage du premier film qui ait été réalisé : *La Sortie de l'usine Lumière à Lyon*. Aujourd'hui, il abrite une salle de cinéma et un hall d'exposition. Deux rangées lumineuses indiquent de l'autre côté de la rue l'emplacement du Cinématographe n° 1 et l'angle de prise de vue. En 2013, lors du Festival Lumière (p. 17), Quentin Tarantino, Jerry Schatzberg, Michael Cimino et Fatih Akin ont

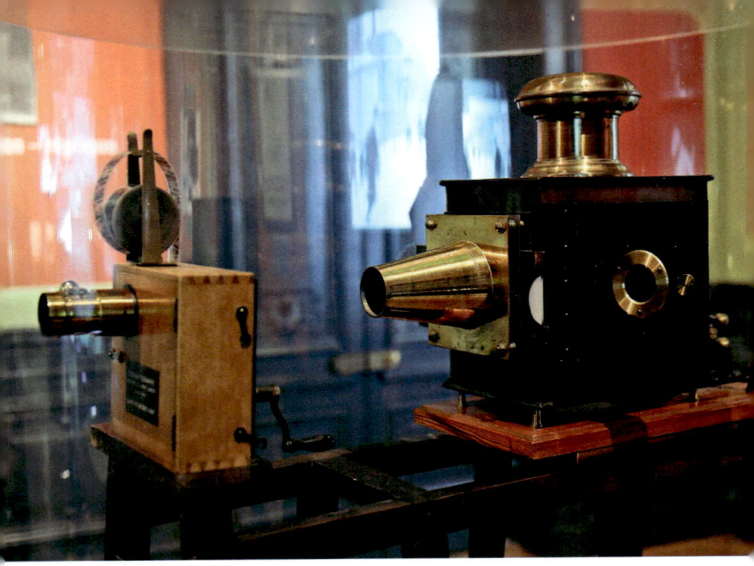

tourné quatre remakes du premier film. À l'extérieur, des dizaines de plaques sur le mur mentionnent tous les cinéastes venus au musée depuis 1983.

L'autre maison Lumière

Continuez votre « bain de Lumière » au restaurant Marguerite (p. 121), à deux pas de l'institut. Construite au début du XXe s., cette maison fut habitée par Marguerite Lumière, la femme d'Auguste. Les Brasseries Bocuse, qui l'ont rénovée, ont gardé l'esprit de cette demeure plantée dans un petit jardin.

25, rue du Premier-Film • ☎ 04 78 78 18 95 • www.institut-lumiere.org • Mar.-dim. 10h-18h30 • Entrée plein tarif : 6,50 € musée, 7,20 € film.

❷ MÉMORIAL DE LA PRISON DE MONTLUC*

Lieu de mémoire, l'ancienne prison de Montluc s'est ouverte au public pour témoigner de la répression nazie. Dès novembre 1942, elle devient une étape pour les résistants, les otages et les victimes des mesures raciales avant leur déportation ou leur exécution. Montluc est alors en lien direct avec le siège de la Gestapo où les prisonniers sont interrogés. Parmi les 36 cellules rénovées, on découvre celle de Jean Moulin.

4, rue Jeanne-Hachette • ☎ 04 78 53 60 41 • www.memorial-montluc.fr • Juil.-août : mar.-sam. 9h-12h et 14h-17h30, visites guidées à 10h30 et 15h30 ; sept.-juin : mer.-sam. 14h-17h30, visite guidée à 15h30 • Accès libre.

❸ Pause falafel : Yaafa**

Ici, le falafel est roi ! En pita (petit pain grec) ou en salade, la petite boulette de pois chiches se déguste en mode street food. Recettes originales et produits frais, voici une bonne adresse pour une pause à petit prix (menus à partir de 7 €). Si vous êtes fan, une autre adresse vous attend en Presqu'île (quartier Terreaux).

186, avenue des Frères-Lumière • 09 86 15 46 00 • T. l. j. 11h30-15h et 18h-22h.

❹ MUSÉE URBAIN TONY-GARNIER*

La cité Tony-Garnier, dans le quartier des États-Unis, constitue un intéressant musée à ciel ouvert avec ses 25 murs peints sur les façades des immeubles d'habitation. Ne manquez pas également les expositions temporaires du musée, ni la visite de l'appartement-musée aménagé et meublé dans ses moindres détails par les locataires de la cité Tony-Garnier, dans les années 1930. S'articulant intelligemment autour d'une « salle de famille », il est épuré et fonctionnel. Voir aussi p. 92.

4, rue des Serpollières • ☎ 04 78 75 16 75 • www.museeurbaintonygarnier.com • Musée : mar.-dim. 14h-18h • Visite guidée appartement-musée : mar.-ven. 16h30, sam. 14h30 et 16h30 • Entrée plein tarif : 8 € musée, 3 € visite appartement-musée.

Le berceau du 7e art

C'est à la fin du XIXe s. que le cinéma naît à Lyon grâce à la famille Lumière. Non seulement elle invente le procédé technique, le Cinématographe, mais elle développe aussi le concept de salle obscure. Sa splendide villa, chef-d'œuvre de l'Art nouveau, est devenue le musée de l'institut Lumière, qui perpétue la tradition de l'image au sens large. Les anciens hangars de l'usine abritent une salle de cinéma qui, chaque octobre, reçoit les plus grands acteurs et réalisateurs lors du Festival Lumière.

DANS LA FAMILLE LUMIÈRE...

Le père, Antoine. Né en 1840, il exerce à Besançon le métier de peintre d'enseigne puis devient photographe-portraitiste d'art. En 1870, il déménage avec sa femme et ses six enfants à Lyon, où il ouvre, rue de la Barre (près de la place Bellecour), le studio Lumière. C'est là que commence l'ascension, quand politiciens et scientifiques viennent se faire tirer le portrait ! **Les fils, Auguste et Louis.** Le premier est né en 1862 et le second en 1864. Tous deux ont eu une solide formation scientifique à l'école lyonnaise La Martinière et, très vite, ils travaillent avec leur père et inventent de nouveaux procédés qui feront la fortune et la célébrité de la famille.

LES TROIS INVENTIONS DE LOUIS LUMIÈRE

En 1881, à 17 ans, Louis Lumière met au point une plaque instantanée au gélatino-bromure. Vendue dans une boîte à l'étiquette bleue, elle sera connue sous le nom **« Étiquette bleue ».** En 1895, il fait breveter le **Cinématographe Lumière** et donne naissance au cinéma. Enfin, en 1904, il invente **l'autochrome,** un procédé de photographie couleur sur plaque de verre. Le succès est immense pendant une trentaine d'années, jusqu'à l'apparition de la pellicule photo souple de Kodak.

Le Festival Lumière

Depuis 2009, chaque année en octobre, le Festival Lumière fait vivre la ville au rythme d'environ 180 projections de films pour tous publics pendant une semaine. Un succès phénoménal qui attire près de 110 000 spectateurs et derrière lequel se tient Thierry Frémaux, directeur de l'institut Lumière mais aussi délégué général du Festival de Cannes. Comme sur la Croisette, le festival a son prix, ici le prix Lumière, remis à une personnalité du cinéma pour l'ensemble de son œuvre : Quentin Tarantino en 2013, Pedro Almodóvar en 2014, Martin Scorsese en 2015, Catherine Deneuve en 2016...

www.festival-lumiere.org

LES USINES LUMIÈRE

Le succès de la fameuse plaque instantanée Étiquette bleue exige une fabrication industrielle. C'est à Monplaisir que se trouvent les hangars de leur usine, qui produit le papier photographique et les plaques. La production d'autochromes atteint en 1913 les 6000 plaques par jour! Ils commercialiseront aussi le Cinématographe et enverront à travers le monde entier des opérateurs de prise de vue.

LE CINÉMATOGRAPHE N° 1 ET LES PREMIÈRES PROJECTIONS

Le Cinématographe n° 1 est l'appareil qui a servi à tourner le premier film. Unique, vous pourrez l'admirer à **l'institut Lumière** (p. 87). Après avoir testé cet appareil, les frères Lumière réalisent quelques films comme *L'Arroseur arrosé* et *L'Arrivée d'un train en gare de La Ciotat*. La première séance publique et payante de cinéma a lieu à Paris le 28 décembre 1895 dans le salon indien du Grand Café du boulevard des Capucines. Trente-trois curieux sont présents et le succès est tel que, dans les jours qui suivent, la police doit s'organiser pour canaliser les foules. Il y a deux heures d'attente! Aujourd'hui, ces premiers films sont projetés à l'institut Lumière.

UN NOUVEAU CONCEPT

Inventer le Cinématographe est une idée géniale, mais les frères Lumière vont plus loin en mettant au point le concept de la salle de cinéma, avec tout son dispositif et une entrée payante. Ils regroupent les gens dans un même lieu, les installent sur des bancs, font le noir dans la salle et projettent une image sur un grand écran. Les frères Lumière ouvrent ainsi la première salle de cinéma à Lyon, rue de la République, en janvier 1896.

LE CINÉMA AUJOURD'HUI

Forte de cet héritage qui a révolutionné le monde de l'image, la ville s'est dotée de sa Cinecittà version 2.0. Ouvert en 2009, Pixel est un pôle consacré aux activités innovantes de l'image, du son et des industries créatives regroupant près de 60 entreprises et 450 salariés. Outre des espaces de bureaux et des locaux, il dispose de 5000 m² de studios (plateaux, loges, bureaux).

L'architecture idéale

Sous ses dix mandats, de 1905 à 1957, le maire Édouard Herriot lance de grands projets urbains pour la ville. Il collabore avec l'architecte Tony Garnier avec lequel il partage un idéal socialiste et une pensée hygiéniste. Visionnaire, l'ingénieur bâtisseur prône l'architecture fonctionnelle plutôt que la décoration. Ce fil rouge se poursuit à travers toutes ses réalisations, source d'inspiration pour beaucoup. Son dernier chantier est celui de l'hôtel de ville de Boulogne-Billancourt en 1933.

UN ARCHITECTE VISIONNAIRE

Né à la Croix-Rousse, fils d'ouvriers de la soie, **Tony Garnier (1869-1948)** suit ses études aux Beaux-Arts de Lyon et est lauréat du prix de Rome en 1899. Pendant quatre ans à la villa Médicis, il passe son temps à imaginer une **cité industrielle idéale** : ce sera le projet de sa vie. De retour à Lyon, la ville lui confie la construction de la laiterie-vacherie du parc de la Tête d'or, fournissant du lait aux enfants les plus pauvres du quartier. Sa carrière est lancée.

LA HALLE TONY-GARNIER

Le nouveau maire de Lyon, Édouard Herriot (1872-1957), lui commande en 1909 une **grande halle aux bestiaux** pouvant abriter 4 000 bovins, 8 000 moutons et 3 500 porcs. La structure de 17 000 m² est une prouesse technique : pas un pilier ne vient soutenir ses 210 m de longueur. La halle accueille l'Exposition internationale urbaine en mai 1914, avant d'être réquisitionnée comme **usine d'armement** pendant la guerre. À nouveau marché aux bestiaux jusqu'en 1960, elle est sauvée de justesse des bulldozers. Aujourd'hui, c'est un **espace d'exposition, de foires et de concerts** (20, pl. des docteurs Mérieux, B2, M° Debourg, ☎ 04 72 76 85 85, www.halle-tony-garnier.com, visite guidée sur résa).

LE STADE GERLAND

Pour ce nouveau contrat avec la ville, Tony Garnier s'inspire du style antique et dessine un stade omnisports doté d'une piste d'athlétisme et d'un vélodrome. Inauguré en 1926 après douze ans de travaux, c'est l'un des plus anciens et des plus beaux stades de France. D'une capacité de 30 000 spectateurs, portée plus tard à 43 000, il accueillait sur sa pelouse l'Olympique Lyonnais depuis 1950. En 2016, le club a rejoint sa nouvelle enceinte, le stade des Lumières, dans la banlieue lyonnaise, délaissant le stade mythique de Gerland (353, av. Jean-Jaurès, HP par C6, M° Stade de Gerland, ☎ 0892 69 69 69, www.olweb.fr).

LA CITÉ TONY-GARNIER

Aujourd'hui cadre du musée urbain Tony-Garnier, ce grand projet permit à l'architecte de réaliser son rêve de toujours, sa cité industrielle. Ce sera le quartier des États-Unis, un nom également donné à son boulevard principal, en hommage à l'entrée des États-Unis dans la Première Guerre mondiale. En 1921, l'architecte pose la première pierre d'un quartier d'habitation totalisant 1 410 logements dotés de magasins au rez-de-chaussée. Le résultat est loin de ses espérances. Des deux à trois étages prévus, les immeubles sont portés à cinq niveaux à la demande du maire. Pour une question de coût, chaque immeuble comprend des appartements de même type, de deux, trois ou quatre pièces. Tony Garnier privilégie la lumière et les fenêtres dans chaque pièce. Les premiers locataires entrent en 1933 et trouvent tout le confort moderne : de l'eau courante dans l'évier, une salle d'eau et des toilettes dans l'appartement ! Dans les années 1950, la cité se dégrade très rapidement. Ce n'est qu'en 1985 que de grands travaux de rénovation sont lancés à la demande des habitants. Ces derniers lancent aussi un projet de fresques peintes sur les murs aveugles des immeubles. Au total, 25 murs peints s'étendent sur 5 600 m².

LES UTOPIES RÉALISÉES

La cité Tony-Garnier fait partie d'un groupe de cinq « utopies réalisées » dans la région lyonnaise. À l'image du couvent de la Tourette à Éveux, conçu par Le Corbusier, ces projets incarnent une vision utopiste du XXe s. Leurs créateurs envisageaient l'architecture et l'urbanisme modernes comme un moyen possible d'aller vers un monde meilleur. Ainsi les gratte-ciel de Villeurbanne (p. 94), véritable curiosité, voient le jour grâce à l'architecte autodidacte Môrice Leroux. Il souhaitait apporter un confort de premier ordre aux ouvriers qui devaient habiter ces *skyscrapers* aux lignes new-yorkaises. Pour découvrir les autres utopies réalisées : www.utopies-realisees.com

12 Villeurbanne, LA MULTICULTURELLE

Restos, bistrots p. 122 | Bars, clubs p. 142 | Boutiques p. 181

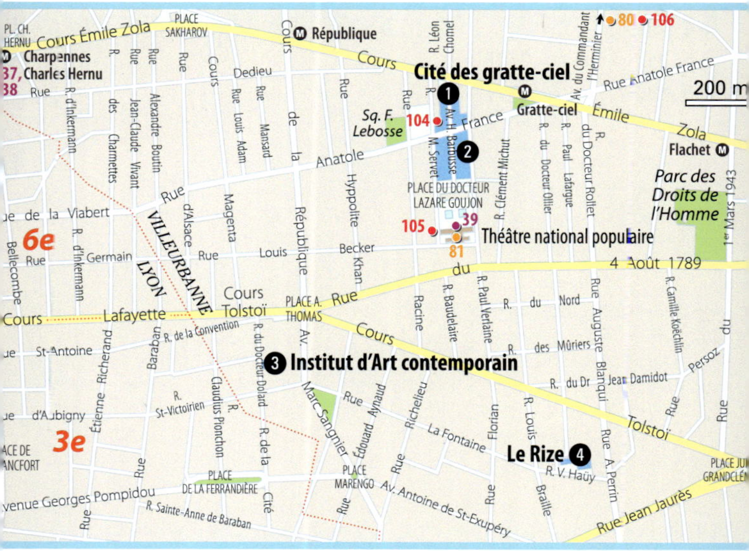

Surnommée le « 10e arrondissement » de Lyon, Villeurbanne est une commune dotée d'une forte identité à la fois industrielle et multiculturelle. Elle a gardé un exemple rare de logements sociaux des années 1930 qui n'a rien à envier aux gratte-ciel new-yorkais. Un bonheur pour les amateurs d'architecture.

❶ CITÉ DES GRATTE-CIEL★★★

Pour un peu, on se croirait à New York ! Cet étonnant ensemble de gratte-ciel, érigés entre 1924 et 1934 par Môrice Leroux, répondait à la demande du maire Lazare Goujon, à la vision hygiéniste et sociale. Ces 1 500 logements aux loyers à bas prix devaient accueillir les travailleurs des usines voisines. Ils s'articulent autour des équipements publics dont l'imposant **hôtel de ville** de Villeurbanne et le palais du Travail,

❷ Pour une pause renommée : Bettant★★

Bettant fut l'un des premiers commerces à s'installer dans les gratte-ciel en 1935. Depuis, trois générations se sont succédé derrière le fournil. D'un côté, l'espace boulangerie fournit, entre autres, pain, viennoiseries (pain au chocolat aux amandes 1,30 €) et pâtisseries (millefeuille 3,90 €). De l'autre, le salon de thé qui se prolonge, l'été, sur la terrasse avenue Barbusse, piétonne en cette saison.

33, av. Henri-Barbusse • ☎ 04 78 84 70 57 • T. l. j. 6h30-19h30.

aujourd'hui **Théâtre national populaire** (p. 143), deux exemples d'architecture Art déco.

Av. Henri-Barbusse • Visite guidée slt : voir Cybèle p. 192.

❸ INSTITUT D'ART CONTEMPORAIN (IAC)★★

À la pointe de l'art contemporain, l'IAC est un outil de création, d'expérimentation et de recherche qui s'illustre par des expositions de haut vol *in situ* (sur 1200 m^2) et *ex situ*. Ce laboratoire vaut aussi pour son architecture : une ancienne usine réhabilitée. Sa collection est riche de 1700 œuvres d'artistes majeurs dont Anish Kapoor, Gerhard Richter, Pierre Huyghe...

11, rue Docteur-Dolard • ☎ 04 78 03 47 00 • www.i-ac.eu • Mer.-ven. 14h-19h, sam.-dim. 13h-19h • Entrée plein tarif : 6 €.

❹ LE RIZE★★

Le centre culturel Le Rize propose une programmation autour de la thématique ouvrière, de l'immigration et de l'identité de Villeurbanne. Le passé industriel de la ville s'effaçant peu à peu, le centre est un trait d'union entre le passé et le présent. Le lieu vibre désormais autour d'expositions, de spectacles, de débats et de colloques.

23, rue Valentin-Haüy • ☎ 04 37 57 17 17 • lerize.villeurbanne.fr • Mar.-sam. 12h-19h, jeu. 17h-21h.

Restos & bistrots

PAR QUARTIER

Les coups de cœur DE NOTRE AUTEUR

Que vous soyez plutôt gastronome, aventureux, adepte des produits du terroir ou du marché, vous trouverez forcément les tables de vos rêves à Lyon. Voici celles de notre auteur...

BRASSERIE GEORGES

Un cadre grandiose au style Art déco pour déguster la célèbre choucroute, spécialité de la maison. *Voir p. 104.*

PRAIRIAL

On craque pour sa cuisine végétale sublimée et savoureuse. *Voir p. 109.*

CAFÉ TERROIR

Sans aucun doute le meilleur club sandwich de Lyon. *Voir p. 105.*

LE KITCHEN CAFÉ

Coup double pour l'audace de Connie et les desserts de Laurent. *Voir p. 118.*

Le Bistrot du Potager

Takao Takano

LE BISTROT DU POTAGER

Des produits très frais cuisinés avec talent pour revisiter les classiques. On picore, on savoure, on adore ! *Voir p. 112.*

CAFÉ COUSU

Un petit resto sympathique devenu incontournable. Produits du marché pour des plats créatifs et un brunch excellent. *Voir p. 113.*

TAKAO TAKANO

De la cuisine française gastronomique aux accents japonais, dans un restaurant élégant et chaleureux. *Voir p. 117.*

À SAVOIR

À TABLE

À Lyon, on ne badine pas avec la gastronomie. Tous les Lyonnais s'accordent sur le **saint-marcellin** de la Mère Richard (p. 178) et sur les **quenelles** au brochet de Giraudet (p. 118). Pour le reste, à chacun son adresse pour l'**andouillette,** le **pâté en croûte,** la **cervelle de canut,** les **cardons à la moelle,** les **bugnes...** Le gras-double n'est pas votre tasse de thé ? Essayez plutôt la **cuisine végétale** et audacieuse des nouveaux chefs lyonnais, Gaëtan Gentil chez Prairial (p. 109), ou Tabata Mey dans son restaurant Les Apothicaires (p. 119).

OÙ MANGER ?

Une jeune génération de chefs bouscule les traditions et les palais, développant une cuisine aussi créative que délicate. Loin des paillettes et du collet monté des grandes tables, certains optent pour une approche locavore de la gastronomie, mettant en avant les produits du terroir. Bien sûr, il reste les fameux **bouchons**, pour les spécialités lyonnaises, et les légendaires **restaurants étoilés,** ou les **restaurants japonais** qui revisitent la tradition française à l'image de Takao Takano (p. 117).

LES BOUCHONS

On raconte que le nom de « bouchon » tire son origine des haltes que l'on faisait pour se restaurer et durant lesquelles on frottait les chevaux avec un bouchon de paille pour les nettoyer. À moins que le nom ne vienne des cabaretiers qui autrefois signalaient leur établissement par une botte de rameaux ou de branchages, appelée « bousche » en lyonnais ?

EN PRATIQUE

Beaucoup de restaurants sont **fermés le lundi,** d'autres le week-end. Aussi vérifiez bien les jours d'ouverture et, surtout, **réservez votre table** pour éviter toute déconvenue. Certaines adresses n'ont qu'un seul service. Un conseil : arrivez à l'heure. En général, **les Lyonnais mangent tôt** avec un service débutant à midi et, celui du soir, à 19h-19h30.

SE REPÉRER

Chaque adresse de restaurant est associée à une pastille orange numérotée. Vous retrouverez toutes les adresses positionnées sur le plan détachable.

Restos & bistrots
PAR QUARTIER

Fourvière (Quartier 1 - p. 22)

① CHRISTIAN TÊTEDOIE
Gastronomique

Nichée sur les hauteurs de Fourvière, la table gastronomique de Christian Têtedoie embrasse la ville et, au loin, les Alpes. Elle déroule ses plats traditionnels empreints de modernité. Osé, le homard se marie à la tête de veau, le canard se mêle au chocolat et les cuisses de grenouille panées au persil s'accompagnent de quinoa.

Montée du Chemin-Neuf (F9) • M° Vieux-Lyon, puis funiculaire 1, arrêt Minimes • ☎ 04 78 29 40 10 • www.tetedoie.com • T. l. j. 12h-13h30 et 19h30-21h30 • Menus : 65, 80, 100 et 130 €.

② LES TÉLÉPHONES
Gastronomique

Dans cet ancien couvent transformé en hôtel de luxe (p. 193), on vient découvrir une cuisine chic et maîtrisée. On s'installe dans le cloître de l'ancien couvent de la Visitation et on passe commande par téléphone : faites le 9 !

23, rue Roger-Radisson (A3) • M° Vieux-Lyon, puis funiculaire 1, arrêt Saint-Just • ☎ 04 74 70 07 00 • www.fourviere-hotel.com • T. l. j. 12h-14h et 19h30-22h • Formule midi : 26 €, plats 22-29 €.

VOIR AUSSI :

Le Phosphore | p. 26 | F9 ③

Saint-Jean (Quartier 2 - p. 30)

④ RENÉ NARDONE
Glacier

C'est un glacier de père en fils et de père en fille depuis 1899 ! L'histoire commence à Liège, en Belgique, avant de se poursuivre en 1929 sur les bords du Rhône. Depuis, la grande maison Nardone est une pause gourmande immanquable. Que ce soit à emporter ou sur place, il faudra choisir parmi une soixantaine de parfums aussi délicieux qu'originaux : coquelicot, violette, pêche de vigne, orange sanguine, pain d'épice…

3, pl. Ennemond-Fousseret (G8) • M° Vieux-Lyon • ☎ 04 78 28 29 09 • www.glaciernardone.com • Été : t. l. j. 8h30-0h30 ; hiver : mer.-dim. 9h-20h (f. annuelle 30 déc.-10 mars) • Café gourmand : 6,80 €.

⑤ LA FABRIQUE GIVRÉE
Glacier

Les glaciers givrés ont ouvert au cœur du quartier Saint-Jean une adresse gourmande avec terrasse dans une cour Renaissance. Coupes glacées (3 boules, 6,50 €) et recettes originales (dattes/fleur d'oranger, pamplemousse/poivre, vin chaud...).
66, rue Saint-Jean (F8) • M° Vieux-Lyon • ☎ 04 78 37 89 80 • Mar.-ven. 13h-19h, sam.-dim. 10h30-19h.

⑥ CAFÉ GADAGNE
Terrasse

On hésite avant de donner l'adresse tant elle compte parmi les meilleurs secrets des Lyonnais... Posé sur les toits des musées Gadagne (p. 36), ce café-restaurant se déploie sur une terrasse de jardins suspendus où poussaient autrefois des plantes médicinales. Cette escale gourmande est un bonheur assuré !
Musées Gadagne, 5, pl. du Petit-Collège (F8) • M° Vieux-Lyon • ☎ 04 78 62 34 60 • http://cafe-gadagne.com • Mer.-dim. 11h-18h (cuisine 12h-15h) ; brunch dim. 11h30-15h (30 €) • Menus : 22-26 €.

⑦ DANIEL & DENISE SAINT-JEAN
Bouchon

Après le beau succès de Daniel & Denise de la rue de Créqui, Joseph Viola (meilleur ouvrier de France 2004) a ouvert en 2012 une seconde table du même nom dans le Vieux-Lyon. Les deux bouchons déclinent la même carte autour d'incontournables comme le pâté en croûte au foie gras et ris de veau (champion du monde 2009) ou la joue de bœuf braisée de 7 heures au vin rouge.

Café Gadagne

36, rue Tramassac (F8) • M° Vieux-Lyon • ☎ 04 78 42 24 62 • www.danieletdenise.fr • Mar.-sam. 12h-14h et 19h-22h • Menus : 21 € midi lun.-ven., 33-40 € soir.

⑧ À LA MARQUISE
Pâtisserie

On ne présente plus cette pâtisserie historique, fondée en 1891 et adorée des Lyonnais : certains disent qu'elle détient la meilleure recette de la tarte à la praline ! L'adresse parfaite pour une pause gourmande dans un cadre chargé d'histoire.
37, rue Saint-Jean (F8) • M° Vieux-Lyon • ☎ 04 78 37 89 85 • www.alamarquise.fr • Mer.-dim. 8h30-19h30.

⑨ LE CAFÉ-ÉPICERIE
Bistrot

Grâce au chef étoilé Anthony Bonnet, ce bistrot gastronomique de l'hôtel Cour des Loges déploie une carte simple et inventive à la fois, jouant sur les produits frais bien choisis. Sous un plafond voûté aux pierres apparentes, l'ardoise de charcuterie côtoie le pâté en croûte à la lyonnaise et le carré de cochon du domaine Abotia (Pays basque). L'été, la terrasse ombragée est très agréable.
Hôtel Cour des Loges, 6, rue du Bœuf (F8) • M° Vieux-Lyon • ☎ 04 72 77 44 44 • www.courdesloges.com • T. l. j. 12h-14h et 19h30-22h • Plats : 22-28 €, formule déjeuner en sem. 17,50 €.

⑩ CINQ MAINS
Bistronomique

Gregory Cuilleron a ouvert avec deux autres épicuriens ce restaurant à la déco épurée et à la cuisine simple et gourmande, issue de produits locaux. La carte des vins est régionale et plutôt axée bio. Une bonne adresse, ouverte le dimanche soir (menu à 28 €).
12, rue Mgr Lavarenne (F9) • M° Vieux-Lyon • ☎ 04 37 57 30 52• T. l. j. 12h-14h et 19h30-22h • Formule midi : 18 €.

VOIR AUSSI :

La Limonade de Marinette | p. 32 | F9 ⑪

Terre Adélice | p. 34 | G8 ⑫

Autour de la rue Auguste-Comte (Quartier 3 - p. 42)

⑬ CHA YUAN
Salon de thé

Cette maison de thé traditionnelle au décor chinois doit sa renommée à la qualité des 300 variétés de thés qu'elle propose. Il faut dire que Nadia Bécaud se rend chaque année en Asie et sélectionne elle-même celles qui seront dignes de s'aligner dans les jolies boîtes des étagères. Thé de Chine, d'Inde, du Japon ou de Ceylan... Un conseil ? Goûtez au Kyoto à la fleur de cerisier. Les amateurs pourront, après avoir déjeuné

Notre top
DES BOUCHONS

Tablier de sapeur, quenelles, salade lyonnaise ou encore cervelle de canut : les spécialités lyonnaises sont nombreuses et excellentes. Voici quelques tables où vous êtes sûr de vous régaler les papilles...

DANIEL & DENISE

Joseph Viola (meilleur ouvrier de France 2004) est aux commandes. Mention spéciale pour le pâté en croûte... *Voir p. 100.*

CHEZ HUGON

Depuis 1937, c'est tout petit, c'est convivial, c'est simple... et vraiment bon ! *Voir p. 106.*

LES BONNES MANIÈRES

Une cuisine lyonnaise revisitée version XXIe s., avec en prime l'accueil très souriant de Laëtitia, la propriétaire. *Voir p. 119.*

LE GARET

Toutes les recettes traditionnelles lyonnaises (excellentes) dans une ambiance chaleureuse et détendue. *Voir p. 108.*

LE BOUCHON DES FILLES

Des plats pas trop gras et joliment présentés, revisitant les classiques du genre. *Voir p. 113.*

Le Garet

sur place, découvrir les bonbons Assam de Ceylan (2,90 €/100 g).
7-9, rue des Remparts d'Ainay (B4) • M° Ampère • ☎ 04 72 41 04 60 • www.cha-yuan.com • Mar.-sam. 10h-18h30.

⑭ RESTAURANT THOMAS
Gastronomique

Avec les meilleurs produits du marché et de saison, le chef Thomas Ponson vous mitonne des petits plats dignes de ce nom. Des cailles des Vosges farcies au foie gras ou encore du chevreuil de chasse et sa poêlée de fruits de saison et, pour terminer, un pain perdu caramélisé qui reprend du galon... Une cuisine authentique et raffinée comme on l'aime.
6, rue Laurencin (C4) • M° Ampère • ☎ 04 72 56 04 76 • www.restaurant-thomas.com • Lun.-ven. 10h-15h et 19h-minuit • Plat du jour, salade (midi) : 12 € ; menus : 21 € midi, 45 et 59 € soir.

⑮ BOUCHON THOMAS
Bouchon

Le même Thomas Ponson a ajouté une adresse à sa carte de visite déjà très riche - quatre restaurants dans la même rue ! Il propose ici une cuisine régionale, avec notamment un menu lyonnais et une belle sélection des vins de la région (Beaujolais, vallée du Rhône, etc.).
3, rue Laurencin (C4) • M° Ampère • ☎ 04 72 60 94 53 • www.restaurant-thomas.com • Lun.-ven. 12h-14h et 19h-22h • Menus : 21-27 €.

⑯ JEANNINE ET SUZANNE
Salon de thé

Cette adresse gourmande, à la déco recherchée, régale ses clients avec des recettes originales de tartelettes déclinées au fil des saisons, belles comme des œuvres d'art. Simone, Huguette ou Germaine, pour laquelle craquerez-vous ? Brunch gourmand le week-end (25 €).
34, rue Sainte-Hélène (C4) • M° Ampère ou Bellecour • ☎ 09 82 26 16 00 • www.jeannine-suzanne.com • Mar.-sam. 10h30-19h, dim. 11h-15h • Menu gourmet (boisson, tarte salée et tarte sucrée) : 13 €.

⑰ APIALES
Nouvelle cuisine

Une adresse *slow food* qui accueille petits et grands gourmands tout au long de la journée. Du petit déjeuner, avec un granola et un café Coutume, au goûter, avec une délicieuse pâtisserie et un thé glacé, sans oublier le déjeuner, dont les plats ressuscitent des ingrédients parfois oubliés, Apiales s'impose comme la belle adresse *kid friendly* du quartier.
11, rue Laurencin (C4) • M° Ampère • ☎ 09 81 90 28 90 • www.apiales.com • Mar.-sam. 12h-14h30 (resto), 14h30-18h (salon de thé) • Formules midi 18-23 €, soir : 32 €.

VOIR AUSSI :
Café Marmot | p. 44 | B4 ⑱

La Confluence (Quartier 4 - p. 46)

⑲ BRASSERIE GEORGES
Brasserie

Fondée en 1836, cette brasserie a défrayé la chronique, à l'époque, avec son plafond de 700 m² sans pilier. Redécorée en 1924, son immense salle est restée dans son jus Art déco. Vivante, bruyante - et chantante lors des anniversaires -, elle ne serait pas la même sans ses garçons aux nœuds papillon qui servent fièrement la fameuse choucroute, spécialité de la maison.

30, cours de Verdun-Perrache (B4) • M° Perrache • ☎ 04 72 56 54 54 • www.brasseriegeorges.com • T. l. j. 11h30-23h (w.-e. 0h15). Service continu • Menus : 22,50-24,50 € ; choucroutes : 18,70-22,70 €.

⑳ DO MO
Franco-japonais

Dans ce lieu aux plafonds hauts et à la déco épurée, on savoure une cuisine française, japonaise ou un peu des deux, selon ses envies. Formule du midi au rapport qualité/prix impeccable, coup de cœur pour les créations sucrées. Le soir, c'est l'adresse parfaite pour boire un cocktail au bord de la Saône.

45, quai Rambaud (A5) • Tram 1, arrêt Hôtel de Région - Montrochet • ☎ 04 37 23 09 23 • www.do-mo.fr • Lun.-ven. 12h-14h et 19h30-23h, sam. 19h30-23h • Plats : 21-28 €.

㉑ BRASSERIE DES CONFLUENCES
Brasserie

Jean-Paul Pignol et Guy Lassausaie, deux chefs lyonnais sacrés meilleurs ouvriers de France, proposent une cuisine raffinée dans le cadre singulier du musée des Confluences. Dans un décor moderne entouré d'eau, on valide sans réserve le menu homard à 49 € et le tartare de bœuf au couteau (21 €), bien assaisonnés. Mention très bien pour les desserts gourmands et équilibrés.

Musée des Confluences, quai Perrache (B6) • Tram 1, arrêt Musée des Confluences • ☎ 04 72 41 12 34 • Mar.-sam. 12h-14h et 19h30-21h30, dim. 12h-14h • Formule plat + dessert : 24 €.

VOIR AUSSI :

Bateau *Bellona* | p. 48 | B6 ㉒

La place Bellecour (Quartier 5 - p. 52)

㉓ CAFÉ BELLECOUR
Café

Voilà une véritable adresse de Lyonnais où des générations ont défilé sous les tableaux, aquarelles, dessins et miroirs accrochés aux murs. Le Café Bellecour a un côté un peu parisien avec ses tables plutôt serrées, mais c'est ce qui

en fait tout le charme... On écoute les hésitations des habitués ou des employés du quartier devant le tartare de bœuf (15 €), la salade verte et saint-marcellin (11 €) ou le bœuf bourguignon (15 €).

33, pl. Bellecour (G9) • M° Bellecour • ☎ 04 78 37 03 63 • Lun.-sam. 7h-20h (cuisine 12h-14h) • Plat du jour : 11 €.

㉔ PIGNOL
Pâtisserie

Célèbre pâtisserie depuis 1954, la maison Pignol s'est enrichie d'un service traiteur et a multiplié les adresses en ville. La boutique mère propose toujours la spécialité maison : la tarte écossaise, une délicieuse frangipane parfumée au citron et nappée de groseilles sur un fond de pâte sablée, à déguster au restaurant-salon de thé à l'étage. À moins que vous ne préfériez un feuilleté ou une salade pour le déjeuner.

17, rue Émile-Zola (G9) • M° Bellecour • ☎ 04 78 92 43 92 • www.pignol.fr • Lun.-sam. 8h-19h15 (cuisine 12h-14h30) • Menus : 16 et 17 € midi ; plat du jour : 11,50 €.

㉕ CAFÉ TERROIR
Bistrot

Jeff, l'un des fils du chef Christian Têtedoie, a ouvert cette adresse mettant à l'honneur les producteurs de la région. On adore les œufs à la coque et mouillettes de beaufort (9 €), l'incontournable club-sandwich au saucisson lyonnais (12 €), sans oublier l'accueil des patrons. Véritables épicuriens, ils viennent d'ouvrir leur cave à vins à deux pas de là.

14, rue d'Amboise (G9) • M° Bellecour • ☎ 09 53 36 08 11 • www.cafeterroir.fr • Mar.-sam. 12h-14h et 19h-22h, dim. 19h30-21h30.

㉖ LES 3 DÔMES
Gastronomique

La cuisine de Christian Lherm est époustouflante de maîtrise. Service parfait et vue panoramique sur les quais du Rhône illuminés. Le menu déjeuner (47 €) est un bon compromis. Le soir, menu en 5 services (96 €) pour un dîner chic et luxueux.

20, quai Docteur-Gailleton (C4) • M° Bellecour • ☎ 04 72 41 20 97 • www.les-3-domes.com • Mar.-sam. 12h-13h45 et 19h30-21h45.

VOIR AUSSI :

Les Frangins | p. 55 | H9 ㉗

Des Terreaux à la place des Jacobins (Quartier 6 - p. 56)

28 CHEZ HUGON
Bouchon

Une petite salle, une poignée de tables avec nappes à carreaux, un cadre simple, une ambiance familiale et des mets bien lyonnais... bienvenue chez Hugon ! On dirait que ce bouchon n'a pas beaucoup changé depuis son ouverture en 1937. Arlette Hugon est aux fourneaux et prépare de bons jambons persillés ou des lentilles au lard en salade tiède.

12, rue Pizay (H7) • M° Hôtel-de-Ville • ☎ 04 78 28 10 94 • www.bouchonlyonnais.fr • Lun.-ven. 12h-14h et 19h30-22h • Menu : 28 €.

Mamma

29 MAMMA
Italien

Sous la mezzanine où l'on imagine le linge sécher, c'est toute l'Italie qui chante. Une Italie des années Formica. La décoration offre une visite nostalgique chez une *mamma* où de vieilles photos s'accrochent au mur. D'ailleurs, les pizzas à la pâte fine et croustillante, sans sauce tomate *(pizza bianca)*, portent des prénoms féminins : Martina se compose de tomates cerises, mozzarella de bufflonne, jambon blanc truffé, champignons et olives *taggiasca* de Ligurie. Antipasti et pâtes sont aussi sur la carte.

10, rue Pleney (G7) • M° Cordeliers, Hôtel-de-Ville • ☎ 04 78 39 50 74 • www.mammaosteria.fr • Mar.-sam. 12h-14h et 20h-22h • Plat du jour : 12 € midi, 21 € soir ; plats : 12-21 €.

30 LES FILS À MAMAN
Bistrot

Quatre copains d'enfance ont ouvert leur restaurant où leurs mères, au début, s'activaient aux fourneaux – et continuent de le faire le premier mardi du mois : croquettes de Babybel, tartare de bœuf charolais au couteau, côte de bœuf pour deux (55 €). Les jouets d'enfants aux murs nous rajeunissent tous.

25, rue de l'Arbre-Sec (H7) • M° Hôtel-de-Ville • ☎ 04 78 39 57 57 • www.lesfilsamaman.com • Mar. et ven.-sam. 19h30-22h, mer.-jeu. 12h-14h et 19h30-

Notre top des RESTOS AVEC VUE

Des vues à couper le souffle ne gâchent jamais un bon repas… Voilà quelques adresses pour mêler plaisirs des yeux et du palais !

CHRISTIAN TÊTEDOIE

Pour un dîner en amoureux à l'heure du coucher de soleil. *Voir p. 99.*

LES 3 DÔMES

Pour la vue plongeante sur les berges du Rhône, animées à toute heure. *Voir p. 105.*

BRASSERIE DES CONFLUENCES

Pour sa cuisine signée d'un chef étoilé et sa situation géographique unique, là où le Rhône retrouve la Saône. *Voir p. 104.*

Christian Têtedoie

22h, dim. 12h-15h (brunch) • Menus : 16,50-20,50 € midi ; plats : 16 € soir.

31 LE BISTROT D'ABEL
Bistronomique

Après son adresse historique d'Ainay, Abel a ouvert un bistrot où il propose une cuisine lyonnaise plus abordable mais toujours aussi gourmande. Cuisine bourgeoise audacieuse, classiques revisités, jolie terrasse et carte des vins prometteuse autour de producteurs essentiellement régionaux.

47, rue de la Bourse (H8) • M° Cordeliers ou Bourse • ☎ 04 37 57 92 51 • Mar.-sam. 12h-15h et 19h-22h30 • Menu unique le midi : 24 € (autres menus le soir à 29 et 45 €).

32 LE GARET
Bouchon

Ne vous attablez pas ici si vous avez l'intention de boire une bière sans alcool ou un soda ! Au mieux vous déclencherez l'hilarité du serveur. À défaut, le côtes-du-rhône (3,50 €) est très bien, surtout avec les rillettes et la tétine de vache en persillade... À moins que vous ne préfériez une succulente tête de veau ou une cervelle de canut. Un vrai bouchon lyonnais en somme.

7, rue du Garet (H7) • M° Hôtel-de-Ville • ☎ 04 78 28 16 94 • Lun.-ven. 12h-13h et 19h30-21h • Menu : 19,50 € midi, 27 € soir.

33 L'ÉPICERIE BAR À TARTINES
Bistrot

On se croirait dans un bistrot-épicerie des années 1950. Au mur, d'anciennes publicités émaillées et, sur les étagères, des boîtes à biscuits en fer-blanc lithographié. Dans la salle, sur des nappes à carreaux, on déguste des tartines sur des airs de guinguette : rosette de Lyon et cornichons (4,10 €) ou caviar de courgette, mozzarella et mortadelle (6,90 €).

2, rue de la Monnaie (G8)

L'Épicerie Bar à Tart

• M° Cordeliers • ☎ 04 78 37 70 85 • T. l. j. 11h-minuit • Tartines : 4-10 €.

㉞ LES CAFETIERS
Coffee-shop

Parmi les coffee-shops récemment ouverts sur la Presqu'île, cette adresse recueille tous les suffrages. À privilégier au moment du goûter pour ses desserts aux accents *British* (*carrot cake, orange cake* ou brownie). Filez au fond de la salle, la petite cour est parfaite aux beaux jours. Le midi, le lieu se transforme en jolie dînette avec des salades composées colorées.

36, rue Ferrandière (H8) • M° Cordeliers ou Bourse • ☎ 04 72 16 01 64 • http://lescafetiers.com • Lun.-ven. 8h-19h, sam. 10h-18h • Pâtisserie : 4 €, chocolat chaud : 3,90 €, formule sandwich ou salade + boisson et dessert : 12 €.

㉟ CAFÉ DES FÉDÉRATIONS
Bouchon

Un lieu incontournable où artistes, acteurs et hommes politiques sont venus s'attabler. Les spécialités : le tablier de sapeur (des tripes panées), le gras-double et la quenelle de brochet ! Le patron a l'art d'installer une ambiance conviviale et sympathique dans ce bouchon qui, comparé aux autres, est tout jeune !

10, rue du Major-Martin (G7) • M° Hôtel-de-Ville • ☎ 04 78 28 26 00 • http://restaurant-cafedesfederations-lyon.com • Lun.-sam. 12h-13h45 et 19h30-21h, dim. 12h-13h45 • Menus : 19,50-32 € midi ; 27-42 € soir.

㊱ BURGER & WELLS
Burgers

Ici, on mange des burgers bio réalisés uniquement avec des produits locaux, dans un lieu imaginé de façon durable avec mobilier modulable et ampoules LED. Boissons maison à volonté et menu enfant au rapport qualité/prix imbattable (6,90 €).

18, rue du Bât-d'Argent (H7) • M° Hôtel-de-Ville • www.burgerandwells.com • Dim.-mer. 10h-21h30, jeu.-sam. 10h-22h30.

㊲ HOT-GLOBE
Hot-dogs

On se régale de hot-dogs revisités façon locavore : pain de boulanger, saucisse artisanale et accompagnements gourmands. Coup de cœur pour la recette *Crazy Bangkok* aux saveurs thaïes. Un vrai bon plan sur la Presqu'île. Attention, peu de places assises.

28, rue Neuve (H7) • M° Cordeliers, Bourse ou Hôtel-de-Ville • Lun.-ven. 11h30-13h30 et 19h-22h, sam. 11h30-22h • Formule hot-dog, frites, boisson et dessert : 11 €.

㊳ PRAIRIAL
Gastronomique

Dans ce restaurant étoilé, Gaëtan Gentil fait la part belle au végétal, pour la décoration comme dans l'assiette. On se laisse guider les yeux fermés vers son menu dégustation en 5 plats (63 €). Carte des vins tournée vers la biodynamie, avec quelques surprises et de belles pépites. Formule déjeuner impeccable.

11, rue Chavanne (G8) • M° Hôtel-de-Ville • ☎ 04 78 27 86 93 • www.prairial-restaurant.fr • Mar.-sam. 12h-14h et 19h45-21h30 • Formule midi : 33 €.

39 BUTCHER
Viande

Végétarien, s'abstenir ! Comme son nom l'indique, le « boucher » s'est taillé une bonne part de viande dans le paysage culinaire. De la bavette de bœuf Wagyu (d'Australie, 29 €) à l'entrecôte d'Angus argentin, sans oublier la pluma espagnole (onglet de porc, 19 €), il y en a pour tous les carnassiers. À côté, le petit frère, Butcher Brother (5, rue Longue, G7, ☎ 04 78 30 41 92, mar.-sam. 12h-14h30 et 19h-22h30) ne fait que des burgers.

30, rue Lanterne (G7) • M° Hôtel-de-Ville • ☎ 09 50 76 46 82 • Mar.-ven. 19h30-23h, sam.-dim. 12h-14h30 et 19h30-22h30 • Entrecôte de bœuf : 27 €.

VOIR AUSSI :

Les Terrasses Saint-Pierre | p. 59 | G7 40

Le Grand Café des Négociants | p. 63 | G8 41

Les pentes de la Croix-Rousse (Quartier 7 - p. 64)

Brazier Wine Bar

42 BRAZIER WINE BAR
Bar à vin

À côté du mythique bouchon de la mère Brazier (où Eugénie Brazier forma Paul Bocuse), le Brazier Wine Bar est un bar à vin ou une « cave à manger » tenue par Mathieu Viannay. De bonnes bouteilles montent la garde sur les étagères et font de l'œil aux hôtes, assis autour de la longue table en bois de 16 à 18 places. Au menu : bouillon d'oignons nouveaux, maquereau et rattes (11 €), agneau confit à la grenade et purée de panais (15 €). Chic et bon.

12, rue Royale (C2) • M° Croix-Paquet • ☎ 04 78 23 17 20 • http://lamere

Nos meilleures ADRESSES POUR LE GOÛTER

Quoi de plus agréable que de couper un après-midi de visites en deux pour se régaler d'un petit en-cas sucré ? Allez, craquez, ce sont nos meilleures adresses !

Pignol

TERRE ADÉLICE

Des glaces et des sorbets à tomber ! Difficile de choisir parmi la centaine de parfums proposés... *Voir p. 34 et 101.*

CONEY COOKIES

Des cookies artisanaux excellents et des sablés décorés pour toutes les occasions. Et pour les becs salés, même au goûter, des cookies jambon-parmesan, thon-petits pois ou poulet-poivron. *Voir p. 113.*

PIGNOL

On y va surtout pour leur célébrissime tarte écossaise, une frangipane au citron nappée de groseilles... *Voir p. 105.*

BERNACHON PASSION

Un chocolat chaud (ou froid) à l'ancienne à se damner ! À accompagner de petites pâtisseries maison. *Voir p. 116.*

brazier.fr • Lun.-ven. 12h30-13h30 et 19h45-21h30 • Plats : 12-15 € ; tapas : 8-15 €.

43 ANTHOCYANE CAVE À MANGER
Bar à vin

Cette « cave à manger » propose une très belle sélection de vins bio ou biodynamiques, à découvrir au verre, autour d'une carte restreinte mais gourmande. À tester absolument, la brioche moelleuse au *pulled pork* ultra-fondant (12 €).

22, rue Hippolyte-Flandrin (G7) • M° Hôtel-de-Ville • ☎ 04 78 27 75 59 • Mar.-sam. 12h-14h et 19h30-22h30 • Menu midi : 14 € (entrée + plat ou plat + dessert) • Verre de vin à partir de 5 €.

44 LA BONÂME DE BRUNO
Bistronomique

Encore un restaurant qui n'en a pas l'air avec son côté « appartement lyonnais » : plancher au sol et *Boléro* de Ravel en fond sonore. Les murs anis, orange, vert et rouge s'accordent aux bons plats du bistrot gastronomique de Bruno Didierlaurent. Supions farcis au saumon fumé, lasagnes de sanglier au vin rouge et compotée de figue et réglisse... On en salive encore !

5, Grande-Rue-des-Feuillants (C2) • M° Croix-Paquet • ☎ 04 78 30 83 93 • www.restaurant-labonamedebruno.com • Mar.-ven. 12h-14h et 20h-minuit, sam. 20h-minuit • Plat du jour : 13,50 € ; menus : 15-18 € midi, 28 € soir.

Le Bistrot du Potager

45 SUR LE BOUT DE LA LANGUE
Sur le pouce

Une jolie terrasse parfaite pour une pause au soleil et, à l'intérieur, une déco vintage et des tables d'écolier. Tartes salées maison, desserts gourmands et glaces artisanales (testez le sorbet berriolette)... Pour une pause à petits prix.

3, pl. Sathonay (G7) • M° Hôtel-de-Ville • ☎ 04 26 64 72 97 • Mar.-sam. 9h-19h30, dim. 10h-19h30 • Formule tarte salée : 9 € avec salade, viennoiserie et café.

46 LE BISTROT DU POTAGER
Bistronomique

Voilà un lieu bouillonnant de vie et convivial. Normal avec un chef basque et un patron marseillais ! Le Bistrot du Potager porte bien son nom : tous les produits semblent sortir d'un jardinet. On se serre à la longue table ou au comptoir pour picorer une salade de poulpe « comme on la mange à Saint-Jean-de-Luz » (9 €) parmi mille autres merveilles.

3, rue de la Martinière (G7) • M° Hôtel-de-Ville • ☎ 04 78 29 61 59 • www.lebistrotdupotager.com • Mar.-ven. 8h30-14h et 18h-22h, sam. 9h30-14h et 18h-22h • Plat : 9-15 €.

47 LE BOUCHON DES FILLES
Bouchon

Dans l'assiette, du classique lyonnais détourné. En salle et en cuisine, les filles - Isabelle et Laura - s'activent pour ficeler des plats sans trop de gras et joliment présentés. Au menu : trois saladiers (la salade de lentilles est à tomber), quenelle de brochet sauce Nantua, desserts et fromages.

20, rue Sergent-Blandan (G7) • M° Hôtel-de-Ville • ☎ 04 78 30 40 44 • Lun.-ven. 19h-22h, sam.-dim. 12h-13h30 et 19h-22h • Menu : 26 €.

48 CAFÉ COUSU
Café

Voilà une histoire qui n'était pas cousue d'avance. Au début café-culture plus que café-couture, ses créateurs ne connaissaient pas grand-chose au métier de la restauration. Ils ont vite appris et, depuis, ils ont créé un restaurant devenu un incontournable. Tout sonne juste : les assiettes créatives et bonnes, la déco au look vintage, et l'accueil chaleureux et sympathique.

14, rue René-Leynaud (G7) • M° Croix-Paquet • ☎ 04 72 98 83 38 • www.cafecousu.com • Mar.-ven. 11h-1h, sam. 11h-19h, dim. 11h-18h • Plat du jour : 10,50 € ; menu : 17 € en sem. ; brunch : 16-22 €.

49 MYART
Salon de thé

Niché sur les pentes de la Croix-Rousse, un charmant salon de thé où l'on vient se poser entre deux visites ou sessions shopping. Pâtisseries faites maison par le propriétaire et boissons gourmandes (jus de fruits bio ou thés GreenMa)... Une jolie adresse à connaître sur les Pentes.

3, pl. Croix- Paquet (H7) • M° Croix-Paquet • ☎ 04 78 98 52 33 • Mar.-ven. 8h30-19h, sam.-dim. 11h-19h30 • Formule midi : 12 €, brunch : 21 €.

50 CONEY COOKIES
Cookies

On vient ici se régaler des cookies artisanaux d'Amandine (avec une préférence pour le Lyonnais aux pralines croquantes) dans un lieu chaleureux aux tons pastel. On y trouvera aussi des sablés décorés pour toutes les occasions (naissance, anniversaire, baptême) et de jolis accessoires déco pour faire la fête.

14, rue Sergent-Blandan (G7) • M° Hôtel-de-Ville • http://coneycookies.bigcartel.com • Mar.-jeu. 14h30-19h, ven.-sam. 10h-19h, dim. 10h-14h30.

VOIR AUSSI :

La Boîte à Café | p. 66 | G7 (51)

La Bicycletterie | p. 69 | G7 (52)

Le plateau de la Croix-Rousse (Quartier 8 - p. 70)

(53) BISTROT DES VORACES
Bistrot

Sauté de veau et haricots de Paimpol frais servis en cocotte ; jarreton de porcelet farci au foie gras, légumes pot-au-feu... Cédric Blin, un ancien de la célèbre table Léon de Lyon, ficelle des plats riches et généreux qui mettent l'eau à la bouche. On a vite fait d'oublier son régime tant l'assiette est bonne. Côté salle, une chaise Thonet accrochée au mur fait un clin d'œil à l'esprit singulier du quartier de la Croix-Rousse.
13, rue d'Austerlitz (C2) • M° Croix-Rousse • ☎ 04 72 07 71 86 • www.bistrotdesvoraces.fr • Lun.-ven. 12h-14h et 19h30-22h • Menu : 24,50 € midi et soir.

(54) ROLAND
Brunch

C'est sur cette terrasse (1er avr.-31 oct.) que l'on sert l'un des meilleurs brunchs de la ville. L'hiver, on se blottit à l'intérieur, dans la salle aux dimensions microscopiques qui favorisent les conversations entre les tables. Le brunch est si copieux que les habitués emportent leur dessert chez eux, pour le goûter ! À essayer absolument, le saint-honoré maison.
87, bd de la Croix-Rousse (B2) • M° Croix-Rousse • ☎ 04 78 29 80 14 • Mer.-sam. 7h-19h, dim. 7h-15h ; brunch et cuisine : 11h30-14h30 • Petit déjeuner : 8,70 € ; brunch : 25 €.

(55) L'INSTANT
Pâtisserie

Sur la jolie place Bertone, cette pâtisserie affiche souvent complet. Mamans et enfants le mercredi ou jeunes gourmands le week-end, tout le monde adore les pâtisseries de la maison, la carte des thés XXL et le brunch sucré (12 €) à la réservation indispensable.
3, pl. Bertone (C2) • M° Croix-Rousse • ☎ 04 78 29 85 08 • http://linstant-patisserie.fr • T. l. j. 9h-18h.

(56) LE QUATRE
Bistrot

À deux pas du boulevard de la Croix-Rousse et de son brouhaha, une cuisine familiale autour des produits de saison réunis dans une carte courte mais savoureuse. Jolie déco et service adorable.
2, rue de Cuire, pl. des Tapis (B2) • M° Croix-Rousse • ☎ 09 54 00 21 08

• http://lequatrerestaurant.com • Mar.-sam. 12h-22h30 • Plat du jour : 11 €.

57 BALTHAZ'ART
Bistronomique

Frédéric d'Ambrosio joue la carte bistronomique pour réaliser des recettes gourmandes à la touche originale, toujours bien pensées (coup de cœur pour le tartare de bœuf mauresque). Il est membre des Gueules de Lyon, un collectif gourmand et grande gueule qui régale Lyonnais et touristes.

7, rue des Pierres-Plantées (C2) • M° Croix-Rousse • ☎ 04 72 07 08 88 • www.restaurantbalthazart.com • Mar.-sam. 12h-13h30 et 19h30-21h30 (soir seulement mar.-mer.) • Menus : 29-34 €, formules midi : 17-20 €.

VOIR AUSSI :

Café du Gros Caillou | p. 71 | C2 58

Café de la Soie | p. 75 | C1 59

Autour du parc de la Tête d'or (Quartier 9 - p. 76)

60 BRASSERIE DES BROTTEAUX
Brasserie

La Brasserie des Brotteaux, qui a fêté son centenaire en 2013, a conservé son décor Art nouveau somptueux. Notez les bouquets fleuris et colorés de céramiques signés Louis Muller qui ornent les murs. Ce monument classé est à lui seul une raison de s'y

...sserie des Brotteaux

rendre. On y déguste une vraie cuisine de brasserie perpétuant la tradition culinaire lyonnaise.
1, pl. Jules-Ferry (D2) • M° Brotteaux • ☎ 04 72 74 03 98 • www.brasseriedesbrotteaux.com • Lun.-ven. 8h-22h30, sam. 12h-14h et 19h30-22h • Menu : 23 € midi, 28 € soir ; plats : 17-28 €.

VOIR AUSSI :

Miwam | p. 78 | D2 (61)

Autour de la Guillotière et de la Part-Dieu (Quartier 10 - p. 80)

(62) THE ROLLING CANTINE
Burgers

Ce foodtruck prépare de succulents burgers (7 €, menu 10 €) : viande charolaise, pain de la Croix-Rousse, fromage italien et frites maison ! Quant à Damien à l'humour pince-sans-rire, il plaisante sans cesse, même en parlant de mécanique quantique.
Horaires et emplacements de la semaine en cours à consulter sur : www.therollingcantine.com ; le mar. sur le marché de la pl. Guichard (D3).

(63) TOMO
Japonais

Il n'y a pas longtemps, Tomo proposait une cuisine française dans un coin du restaurant et une autre, japonaise, dans l'autre coin. Deux ambiances, deux cartes différentes. Aujourd'hui, seules subsistent les recettes de l'empire du Soleil-Levant – à moins de spécifier la demande lors de la réservation. Attendez-vous à de vrais plats japonais, très bons et frais, qui vous feront voyager.
7, rue Pierre-Corneille (C3) • M° Foch • ☎ 04 78 41 84 60 • www.restaurant-tomo.fr • Mar.-sam. 12h-15h et 19h-21h • Menus : 15 € midi, 34-48 € soir.

(64) BERNACHON PASSION
Salon de thé

C'est la troisième génération de Bernachon à nous faire fondre sur leur chocolat. Dans leur salon de thé-restaurant, il faudra donc goûter au chocolat chaud ou

Bernachon Passion

Une fenêtre sur le Japon

Piqués de gastronomie française, nombreux sont les Japonais qui viennent se former auprès de grands chefs lyonnais ou au célèbre institut Paul-Bocuse. Certains restent et ouvrent ensuite leur table. Grâce à cette curiosité locale assez récente, les assiettes s'enrichissent d'influences du pays du Soleil-Levant. Parmi eux, **Katsumi Ishida** a ouvert la table **En mets fait ce qu'il te plaît** (p. 120), **Takao Takano** (ci-dessous) a désormais son adresse éponyme et **Tomohiro Hatakeyama** a monté **Tomo** (ci-contre). Citons également **Tsuyoshi Arai** et son **14 Février** (65 6, rue Mourguet, F9, M° Vieux-Lyon, ☎ 04 78 92 91 39, www.ly-au14fevrier.com) ou encore **L'Ourson qui Boit** (66 23, rue Royale, C2, M° Croix-Paquet, ☎ 04 78 27 23 37, http://oursonquiboit.fr) d'**Akira Nishigaki.** Mais quelle est donc leur recette ? L'amour de la France et de bons produits, sans doute. Ce qui est sûr, c'est qu'ils apportent une nouveauté rafraîchissante à la cuisine régionale.

froid (7,40 €) à l'ancienne élaboré avec une ganache chocolat, adoucie aux gousses de vanille et enrichie de crème fraîche. Calorique à souhait, mais à essayer à toute heure de la journée.

42, cours Franklin-Roosevelt (D2) • M° Foch • ☎ 04 78 52 23 65 • www.bernachon.com • Mar.-sam. 9h-18h30 • Plats : 18-24 € ; menu : 29,60 €.

67 TAKAO TAKANO
Gastronomique

Takao Takano a attrapé une étoile en 2011 quand il était chez Nicolas Le Bec. Depuis, il met des étoiles plein les yeux dans son restaurant aux lignes pures, élégantes et chaleureuses qui rappellent son pays d'origine, le Japon. La poésie se lit dans les assiettes avec le « retour de la cueillette en forêt de ce matin » ou encore le « bouillon de lait fumé au corail d'oursin ». Un talent à surveiller de près.

33, rue Malesherbes (C2) • M° Foch • ☎ 04 82 31 43 39 • www.takaotakano.com • Mar.-sam. midi et soir • Menus : 35 € midi, 55 et 88 € soir, hors boisson.

68 CAFÉ SILLON
Nouvelle cuisine

Matthieu Rostaing Tayard a fait le tour du monde avant de déposer ses casseroles dans ce restaurant à la déco scandinave et aux assiettes renversantes. Mariages de saveurs impertinents et cuissons parfois audacieuses pour une table récompensée par le Fooding et adoubée par les puristes de nouvelle cuisine.

46, av. Jean-Jaurès (C-D4) • M° Saxe-Gambetta • ☎ 04 78 72 09 73 • http://www.cafe-sillon.com • Mar.-ven.

12h-14h et 20h-22h, sam. 20h-22h • Formules midi à partir de 15 €, menus soir 38-45 €.

69 L'ART ET LA MANIÈRE
Bistronomique

Carte bistronomique et service très chaleureux ont fait de ce restaurant une bonne adresse d'habitués, que l'on se transmet entre passionnés de cuisine canaille et de bons produits. La bonne humeur de Fred finira de vous convaincre. Jolie découverte avec les vins au verre.
102, Grande Rue de la Guillotière (C4) • M° Saxe-Gambetta • ☎ 04 37 27 05 83 • www.art-et-la-maniere.fr • Formule midi : 21 €, menus : 30-45 €.

70 KITCHEN CAFÉ
Nouvelle cuisine

Le duo gourmand Connie Zagora et Laurent Uzan élabore chaque semaine un menu différent avec une vraie recherche de saveurs et des produits sélectionnés (souvent bio). L'adresse propose aussi un délicieux petit déjeuner (11 €) avec boissons, granola et cookie, et un bar à desserts (douceurs à emporter ou desserts à l'assiette) à savourer à l'heure du goûter.
34, rue Chevreul (C4) • M° Jean-Macé • ☎ 06 03 36 42 75 • www.lekitchencafe.com • Mer.-dim. 8h30-18h30 • Menu semaine : 18-22 €, menu week-end : 25-29 €.

L'Estanco du marché

71 L'ESTANCO DU MARCHÉ
Smoothies

Dans cette échoppe à la déco végétale, on vient se régaler de jus de fruits et smoothies réalisés à la commande, du petit déjeuner au goûter. À l'heure du déjeuner, on savoure une cuisine saine et végétarienne servie avec le sourire. Les produits locaux sont sourcés avec attention. En matinée, petit déjeuner copieux avec granola et açaï bowl XXL.
4, rue Pierre-Corneille (C2) • M° Foch • ☎ 06 11 60 17 96 • Mar.-ven. 8h-15h, sam. 9h-15h • Formule déjeuner avec bagel, jus et soupe/salade : 15 €.

72 GIRAUDET
Bar à quenelles

Au cœur des Halles de Lyon-Paul Bocuse, Giraudet propose un délicieux bar à quenelles, spécialité de la maison. Choisissez votre saveur (morilles, brochet,

L'Estanco du marché

fromage, crustacés…) et savourez-les en salade ou en plat chaud. Pour finir le repas, ne manquez pas les délicieuses soupes sucrées. Vous pourrez aussi acheter à emporter.
Les Halles de Lyon-Paul Bocuse, 102, cours Lafayette (D3) • M° Place-Guichard, puis tram 1, arrêt Mairie-du-3e • ☎ 04 78 62 34 05 • www.giraudet.fr • Mar.-sam. 8h30-19h (restauration jusqu'à 16h) • Soupe : 11,90 €, salade : 15,30 €, quenelle : 2-2,50 € pièce.

⑦③ LES APOTHICAIRES
Bistronomique

Tabata Mey officie en duo avec son mari Ludovic dans une cuisine ouverte. Créations maîtrisées et sublime bibliothèque culinaire où se mêlent joyeusement beaux livres et conserves maison. On adore le menu déjeuner, imparable, avec grand sourire compris.
23, rue de Sèze (C-D2) • M° Foch • ☎ 04 26 02 25 09 • www.lesapothicairesrestaurant.com • Mar.-ven. 12h-14h et 19h30-21h30, sam. 19h30-21h30 • Menu midi (entrée, plat, dessert) : 26 €.

⑦④ LES BONNES MANIÈRES
Bouchon

Dans ce petit resto hors des circuits touristiques, on retrouve la cuisine canaille des bouchons, celle qui fait la part belle à la cuisine lyonnaise, revisitée version XXIe s. Délicieux saucisson chaud avec lentilles au jus (14,50 €) et superbe pain perdu à la praline (6,50 €) servi avec le sourire contagieux de Laëtitia, la propriétaire des lieux.

104, Grande Rue de la Guillotière (D4) • M° Saxe-Gambetta • ☎ 09 84 03 64 90 • Lun.-ven. 12h-13h30, mar.-ven. 19h30-21h • Menu lyonnais : 23 €.

75 EN METS, FAIS CE QU'IL TE PLAÎT

Gastronomique

Devant le joyeux bazar, on hésite un instant avant de pousser la porte. Une petite fille regarde un dessin animé, des tables sont accolées n'importe comment et, dans la cuisine, le chef japonais Katsumi Ishida s'active en bavardant avec un photographe. Dans l'assiette, la surprise est totale. Les produits explosent en bouche et émoustillent les sens. Cette cuisine française, traitée avec une touche japonaise, est une belle expérience.

43, rue Chevreul (C4) • M° Jean-Macé • ☎ 04 78 72 46 58 • Lun.-ven. 12h-13h45 et 20h-22h, sam. 20h-22h • Menus : 25 € midi, 38 et 48 € soir.

VOIR AUSSI :

Konditori | p. 83 | D3-4 76

L'empire Bocuse

« J'ai eu les deux bacs, le bac d'eau chaude et le bac d'eau froide. » On ne présente plus Paul Bocuse, sa citation légendaire, ses étoiles en bandoulière depuis plus de cinquante ans, sa soupe VGE aux truffes et ses restaurants à travers le monde.

Dans son historique **auberge du Pont de Collonges** à Collonges-au-Mont-d'Or, on déguste une cuisine inoubliable au service impeccable assuré par François Pipala, élu meilleur maître d'hôtel du monde en 2016. À faire une fois dans sa vie (au moins !).

Pour les budgets plus serrés, les brasseries installées aux quatre coins de Lyon (**Le Nord, L'Est, L'Ouest, Le Sud, le Restaurant de Fond Rose, Comptoir, Lumières** ou encore **Marguerite,** ci-contre) permettent de goûter à la cuisine du pape de la gastronomie française.

Au restaurant-école, **l'institut Paul-Bocuse** (20, place Bellecour, G9 ☎ 04 78 37 23 02), on découvre comment Bocuse façonne les grands chefs de demain (menu-carte à 45 €).

www.nordsudbrasseries.com • T. l. j. 12h-14h et 19h30-22h • Menus du jour : 26,50 et 30,80 €.

Monplaisir (Quartier 11 - p. 86)

⑺ MARGUERITE RESTAURANT
Bistronomique

Marguerite est l'un des derniers nés des restaurants Bocuse. Son nom est un hommage à la dernière résidente de la villa, Marguerite Lumière, l'épouse d'Auguste (p. 90). Depuis, cette « maison gourmande » est tenue par le chef Francesco Santin. Il y propose une cuisine simple de tradition avec un zeste de modernité, à l'image de la noix de ris de veau cuite en cocotte. À l'heure du goûter, les salons accueillent les gourmands pour une pâtisserie accompagnée d'un thé fumant (dès 15h30).

57, av. des Frères-Lumière (E5) • M° Monplaisir-Lumière • ☎ 04 37 90 03 00 • www.nordsudbrasseries.com • T. l. j. 12h-14h et 19h30-22h • Menus : 26,50 € midi, 30,80 € soir.

(78) KAFFEE BERLIN
Cuisine allemande

Dans ce café à l'esprit berlinois, on retrouve les grands classiques de la cuisine allemande : *currywurst* (4,80 €), une vingtaine de références de bières, des cocktails mais aussi des burgers et des salades (8,40 €) pour les moins germanophiles. Petite terrasse sympa pour les beaux jours.

26, cours Albert-Thomas (E4) • M° Sans-Souci • ☎ 06 18 81 37 13 • www.kaffeeberlin.com • Lun.-ven. 10h30-0h30, sam. 11h30-0h30, dim. 17h30-23h.

VOIR AUSSI :

Yaafa | p. 89 | Hors plan par E5 (79)

Villeurbanne (Quartier 12 - p. 94)

(80) OSCAR LES PUCES
Brasserie

Sur le site des Puces du Canal, cette nouvelle brasserie à la déco chic propose des classiques revisités ultragourmands, savoureux mélange de plats familiaux et de cuisine lyonnaise (œufs mayonnaise, burgers, fondant chocolat...). Terrasse parfaite aux premiers rayons.

Oscar les Puces

5, rue Eugène-Pottier (plan p. 94) • Bus TCL n° 7 ou 37, arrêt Le Roulet • www.oscar-lespuces.com • ☎ 04 37 57 09 83 • Mer. et ven.-sam. 10h-17h, jeu. 6h-17h, dim. 6h-18h • Plats : 15-26 €.

81 BRASSERIE 33 TNP
Brasserie

Située dans le Théâtre national populaire de Villeurbanne (p. 143), cette brasserie élégante mérite bien une pause. Non seulement pour l'architecture de son bâtiment, mais aussi pour ses plats bien mitonnés, de la bonne salade niçoise (c'est rare !) à la *piccata* de veau à la plancha. Quant à la déco, elle décline le rouge, moderne, un clin d'œil aux rideaux du théâtre.
8, pl. du Docteur-Lazare-Goujon (plan p. 94) • M° Gratte-Ciel • ☎ 04 78 37 37 37 • www.33tnp.com • Mar.-sam. 12h-14h30 et 19h-22h (plus tard lors des spectacles) • Menus : 17 et 21 €.

VOIR AUSSI :

Bettant | p. 95 | plan p. 94

Hors visite

82 MAMAMIA PIZZA
Pizzeria

On ne vient pas ici pour la décoration, ni pour les tables de cantine, mais pour les pizzas du vice-champion du monde (catégorie qualité, 2012). Jordan Tomas fait lui-même sa levure et cuit ses pizzas dans un four à bois rotatif. La charcuterie vient d'Italie, les légumes d'un petit producteur local… et le poulet est aussi rôti dans son four. Ces pizzas-là, croustillantes et moelleuses en même temps, valent vraiment le détour !
69, rue de Gerland (C5) • M° Place-Jean-Jaurès • ☎ 04 78 69 01 68 • www.mamamia-pizza-lyon.com • Mar.-ven. 11h30-13h30 et 18h-22h, sam. 18h30-22h30 • Pizzas : 9,90-15,90 €.

Mamamia

Spécialités lyonnaises

Au menu des bouchons lyonnais, quelques spécialités régionales sont au premier abord peu engageantes et souvent trompeuses, à l'image de la cervelle de canut... un merveilleux dessert ! La gastronomie lyonnaise, c'est avant tout de riches produits du terroir et des bouchons, ces petits restaurants rustiques et si typiques.

POUR SE METTRE EN APPÉTIT...

Dans la grande famille des saucissons, vous trouverez la **rosette,** le **jésus,** emmailloté dans une résille comme un petit enfant, et le **saucisson sec de Lyon,** à base de filet de bœuf, qui se reconnaît par la mosaïque des morceaux de gras de porc. Viennent ensuite les **saucissons à cuire** et les **cervelas** truffés pistachés, avec une mention pour le **saucisson brioché.**
Outre les différents saucissons, vous avez le **saladier lyonnais,** où sont assaisonnés des dés de pieds de mouton (les clapotons), des abats, des œufs durs, des harengs et des herbes. Aujourd'hui, on vous sert plutôt des jeunes pousses de pissenlits avec du lard frit, des œufs pochés et de petits croûtons. Mais la palme revient au délicieux **gâteau de foies de volaille.**

LES PLATS CÉLÈBRES

Vous trouverez le **tablier de sapeur,** un carré de tripes marinées dans du vin blanc et de la moutarde, qui est pané et servi avec une sauce gribiche, et l'**andouillette de Lyon.** Elle est faite à base de fraise de veau marinée dans du vin blanc avec de la moutarde, des oignons, des épices et un bouquet garni.
Toutes les **quenelles** contiennent du beurre, des œufs, de la farine de blé dur, un peu de lait ou de crème, mais les vraies de vraies sont au **brochet.** Vous en trouverez aussi aux morilles ou aux truffes, aux écrevisses, à la volaille ou nature. Elles seront délicieuses agrémentées d'une sauce Nantua.

Le pot lyonnais

Le pot lyonnais, cette petite bouteille à fond épais dans laquelle on sert le beaujolais ou le côtes-du-rhône, fait partie des spécificités de la région. Autrefois, il contenait un litre et servait d'unité de mesure, mais, vers 1840, sa contenance fut ramenée à 46 cl.

LES MÂCHONS

Ce sont des casse-croûte qu'avalaient les ouvriers de la soie au milieu de la matinée. Andouillette, tripes, gras-double, salade de museau... tout cela avant le déjeuner et accompagné d'un verre de vin ! Vous pouvez toujours en déguster aux Halles de Lyon-Paul Bocuse et dans certains bouchons !

LES FROMAGES

Sur la carte des restaurants, vous ne couperez pas au **saint-marcellin.** Originaire du Dauphiné, il fait la fierté des Lyonnais. Il y a de quoi, car sa **pâte crémeuse et coulante** est un pur délice ! Il est **petit, rond, au lait cru de vache** et affiné durant au moins quatre semaines. Sachez que plus vous attendrez, plus votre saint-marcellin sera onctueux et puissant... Quant au **fromage blanc,** il se déguste à Lyon comme un dessert.

POUR LES BECS SUCRÉS

La **cervelle de canut** doit son nom à son aspect moelleux et à ses inventeurs, les ouvriers de la soie. Leurs revenus étant très modestes, ils sont passés maîtres dans l'art d'accommoder les restes. Ainsi, ils réunissaient tous les rogatons de fromage, les mélangeaient à du lait ou de l'eau, assaisonnaient et battaient le tout. Aujourd'hui, on vous servira un fromage frais assaisonné qui n'a rien à voir avec la recette d'origine.

La **tarte à la praline** sera le bouquet final et coloré de votre repas. Les pralines, ces grosses amandes venant du Piémont, sont enrobées d'une fine pellicule de sucre rosé. Concassées, elles viennent garnir votre fond de pâte.

Appelées aussi « merveilles » ou « oreillettes », les premières **bugnes** faites par les religieuses du couvent de Saint-Pierre, au XIVe s., étaient à la rose.

Le **matefaim** est une grosse crêpe poêlée qui peut être agrémentée, selon les envies, de quartiers de pommes, de pralines, etc.

Au chapitre des **confiseries,** vous trouverez le **coussin de Lyon,** une pâte d'amandes bleu-vert qui cache un délicat praliné. Le **cocon,** lui aussi fourré de praliné, est trempé dans de la pâte d'amandes puis candi (enrobé de sucre). La **quenelle** est un délicieux praliné de nougatine enrobé de chocolat blanc. Il y a encore le **sarment du Beaujolais,** un chocolat au marc de beaujolais, et le **bâton de Guignol,** une nougatine au miel cachée sous une couche de chocolat.

Le cardon

Durant tout l'hiver, d'octobre à février, vous trouverez sur les marchés des cardons. Cet ancien légume de la famille des artichauts est cultivé depuis la Renaissance dans la région lyonnaise et se déguste en gratin à la moelle.

Bars & clubs

PAR QUARTIER

Les coups de cœur DE NOTRE AUTEUR

Notre auteur a ses adresses fétiches pour une soirée réussie, entre cocktails et décibels. Voici ses préférées.

MAMA SHELTER

C'est le rendez-vous parfait pour l'afterwork, au milieu de la déco déjantée de Philippe Starck. *Voir p. 140.*

LE FANTÔME DE L'OPÉRA

On y va surtout pour les cocktails impeccables de Jessica Cantin. *Voir p. 137.*

BAR CARLTON MGALLERY

Dans ce bar installé au 1er étage de l'hôtel Carlton, on choisit les cocktails sur tablette. Service chic et musique jazz live en fin de semaine. *Voir p. 133.*

Mama Shelter

Cocktail Rolly Pop au Fantôme de l'Opéra

REDWOOD

Des cocktails exceptionnels aux saveurs inattendues dans un bar minuscule. *Voir p. 133.*

L'ANTIQUAIRE

Un bar américain ambiance rétro où siroter des cocktails sur fond de musique jazz. Pour se croire dans *Mad Men*... *Voir p. 135.*

MONKEY CLUB

Pour avoir un peu l'impression de passer la soirée dans un club londonien du XIXe s... *Voir p. 136.*

À SAVOIR

ON SORT OÙ ?

Envie d'un opéra ou d'un concert classique ? Rendez-vous à l'**Opéra national** (p. 131) ou à l'**Auditorium** de Lyon (p. 141), la programmation est exceptionnelle. Pour la danse, optez pour la **maison de la Danse** (p. 142) ; pour le drame ou la comédie, ça se passe au **théâtre des Célestins** (p. 131) et au célèbre **TNP** de Villeurbanne (p. 143). Vous préférez les surprises ? Filez aux **Subsistances** (p. 136), ou à l'**Espace Gerson** (p. 129) et au **Complexe du Rire** (p. 135). Les amateurs de musiques électro, de rock et de hip-hop se retrouvent au **Sucre** (p. 129), au **Marché Gare** (p. 130) et au **Transbordeur** (p. 142). Si vous êtes plutôt jazz, c'est au **Hot Club Lyon** (p. 131) et au **Périscope** (p. 131) qu'il faut aller. Sachez enfin qu'en règle générale, à Lyon, côté sorties, le week-end commence dès le jeudi soir.

OÙ S'INFORMER ?

La rubrique « sortir » du quotidien ***Le Progrès*** propose de nombreux spectacles et concerts (www.leprogres.fr). La rubrique « Culture-Agenda » du magazine en ligne ***Rue89Lyon*** liste les événements et manifestations de Lyon par week-end et selon les choix de la rédaction (www.rue89lyon.fr). Le magazine et site en ligne ***Le Petit Bulletin*** est également une bonne source d'inspiration (www.petit-bulletin.fr/lyon).

RÉSERVER UN SPECTACLE

Le plus simple est de s'adresser **à la salle de spectacles** sur place ou par téléphone. Le site du ***Progrès*** (www.leprogres.fr) permet de réserver des spectacles en tout genre (match de foot, cirque, concert, etc.) sans commission, tout comme la **Fnac** (85, rue de la République, H9, ☎ 0825 020 020, www.fnacspectacles.com). Vous trouverez aussi des réductions sur **www.billetreduc.com**

SE REPÉRER

Chaque adresse de lieu de sortie est associée à une pastille violette numérotée. Vous retrouverez toutes les adresses positionnées sur le plan détachable.

Bars & clubs
PAR QUARTIER

Saint-Jean (Quartier 2 - p. 30)

① ESPACE GERSON
Café-théâtre

Une poignée de tables et de banquettes, des portraits d'humoristes et sur scène, des artistes confirmés et de jeunes talents qui nous font rire. On prolonge la soirée au bar en musique.
1, pl. Gerson (F7) • M° Hôtel-de-Ville ou Vieux-Lyon • ☎ 04 78 27 96 99 • www.espacegerson.com.

② GUIGNOL DE LYON
Marionnettes

La seule compagnie professionnelle du théâtre de Guignol, à Lyon. Représentations pour les enfants pendant les vacances scolaires, mais aussi spectacles pour adultes et ateliers organisés ponctuellement. Pour connaître sa programmation, rendez-vous sur place (vous y verrez également une exposition de marionnettes) ou sur le site Internet.
Compagnie M.A. • 3, rue Louis-Carrand (G7) • M° Cordeliers ou Vieux-Lyon • ☎ 04 78 29 83 36 • www.guignol-lyon.net • T. l. j. 15h30 pendant les vacances scolaires + représentations ponctuelles le reste de l'année • Billet : 10 € adulte, 7,50 € enfant.

③ CHÂTEAUNEUF DU PEUPLE
Bar à vins

Un bar à vins au cœur du quartier touristique de Saint-Jean qui accueille surtout des épicuriens. On y déguste des vins au verre à partir de 7 € dans une ambiance d'habitués. Charcuteries et fromages de qualité à grignoter.
12, rue Lainerie (F8) • M° Cordeliers ou Vieux-Lyon • ☎ 09 86 28 98 81 • http://chateauneufdupeuple.com • T. l. j. 10h-22h.

La Confluence (Quartier 4 - p. 46)

④ LE SUCRE
Club & concerts

Ouvert en 2013, Le Sucre s'est tout naturellement posé sur le toit de La Sucrière (p. 48) pour proposer une programmation éclectique : soirées électro, concerts rock, disco roller derby – avec boule à facettes bien sûr ! –, conférences sur les médias, la musique ou les arts visuels... Des concerts ont lieu sur la terrasse, où l'on embrasse du regard les eaux de la Saône en sirotant un

cocktail maison (mojito 10 €), et le week-end, c'est night-club !
49-50, quai Rambaud (A5) • Tram 1, arrêt Hôtel-de-Région-Montrochet • www.le-sucre.eu • Club : ven. 18h30-5h, sam. 23h-5h • Entrée plein tarif : 0-20 € spectacles, 12-16 € club.

⑤ MARCHÉ GARE
Concerts

Le Marché Gare est un peu un ovni, un genre de gardien de phare. Située dans l'ancien bâtiment de direction du marché de gros, cette salle de concerts a ouvert en 2006 alors que le marché, aujourd'hui délocalisé, fonctionnait encore 24h/24. C'est l'une des rares MJC à programmer de la musique dans un environnement aussi professionnel. Une soixantaine de concerts sont organisés chaque année dans cette salle de tout juste 300 personnes, qui a déjà accueilli Jay-Jay Johanson, Yodelice, La Grande Sophie, Kent, Shaka Ponk...
34, rue Casimir-Périer (B5) • Tram 1, arrêt Sainte-Blandine • ☎ 04 72 40 97 13 • www.marche gare.fr • Entrée plein tarif : 11-17 €.

⑥ LA MAISON
Bar-club

Dans une ancienne bâtisse installée sur les berges du Rhône réhabilitées, on découvre (après avoir montré patte blanche en soirée) une terrasse XXL qui accueille une clientèle plutôt branchée et aisée. Préférez les cocktails (à partir de 10 €) aux assiettes, le lieu faisant aussi restaurant.

La Maison

4, rue Jonas-Salk (B6) • Tram 1, arrêt Musée des Confluences • ☎ 04 72 72 96 96 • http://lamaison restaurant.fr • Lun.-ven. 12h-14h30 et 20h-23h30, sam. 20h-23h30.

⑦ LE PÉRISCOPE
Concerts

Le Périscope est né à l'initiative de l'université populaire de Lyon et d'un collectif de musiciens (le Grolektif et le Collectif Polycarpe). La petite salle accueille surtout des concerts de jazz et de musique improvisée. La programmation s'ouvre cependant à l'électro, à la pop, au rock et au hip-hop et programme près de 130 concerts par an, des conférences et des cabarets poétiques.

13, rue Delandine (B5) • M° Perrache • ☎ 04 78 38 89 29 • www.periscope-lyon.com • Entrée plein tarif : 0-12 €.

La place Bellecour (Quartier 5 - p. 52)

⑧ THÉÂTRE DES CÉLESTINS
Théâtre

Après 120 ans d'activité et une restauration qui met en valeur son architecture d'origine et sa salle à l'italienne, le théâtre des Célestins est une scène qui compte dans le paysage national. La programmation, concoctée par Claudia Stavisky et Patrick Penot, alterne grands classiques, créations contemporaines et pièces comiques.

4, rue Charles-Dullin (G8-9) • M° Bellecour • ☎ 04 72 77 40 00 • www.celestins-lyon.org • Billets : 17-38 €.

Des Terreaux à la place des Jacobins (Quartier 6 - p. 56)

⑨ L'OPÉRA NATIONAL DE LYON
Opéra

Reconstruit en 1993 par Jean Nouvel, l'Opéra national de Lyon est l'une des scènes lyriques françaises les plus réputées. Son orchestre, créé par John Eliot Gardiner, excelle dans la musique d'opéra et de ballet sous la baguette du Japonais Kazushi Ono. Quant au ballet, créé en 1969, il explore le répertoire contemporain dans des chorégraphies de William Forsythe à Merce Cunningham.

1, pl. de la Comédie (H7) • M° Hôtel-de-Ville • ☎ 04 69 85 54 54 • www.opera-lyon.com • Billets : 10-98 € opéra, 12-85 € concerts.

⑩ HOT CLUB LYON
Jazz

Depuis 1948, la cave voûtée de vieilles pierres du Hot Club vibre

Bars à vins : NOS MEILLEURES ADRESSES

La capitale des Gaules est assurément une ville qui compte dans le domaine du vin. Le Beaujolais et la vallée du Rhône tout proches irriguent ses innombrables bars à vins et caboulots…

CHATEAUNEUF DU PEUPLE

Un bar à vins au cœur du quartier Saint-Jean qui propose des vins au verre à petits prix. *Voir p. 129.*

MADEMOISELLE RÊVE

La jolie adresse rive gauche pour boire un verre entre amis ou en tête-à-tête. *Voir p. 141.*

AROMO

On aime ses vins du monde entier et ses planches gourmandes à partager. *Voir p. 141.*

HARMONIE DES VINS

Le pionnier des bars à vins lyonnais : vins à petits prix et cuisine régionale à grignoter. *Voir p. 134.*

Aromo

au son de tous les jazz : blues, New Orleans, be-bop, swing, manouche, moderne, vocal, électro… Sa scène légendaire a déjà accueilli les plus grands tels que Louis Armstrong, Duke Ellington, Miles Davis, mais défend aussi les musiciens lyonnais. Bref, un incontournable pour tous les amateurs de jazz. En avril chaque année, le club organise le Hot Club Jazz Festival où se produisent les pointures de la scène française et internationale.

Broc'Bar

26, rue Lanterne (G7) • M° Hôtel-de-Ville • ☎ 04 78 39 54 74 • www.hotclubjazzlyon.org • Mer.-sam. soirs • F. estivale mi-juillet-fin août • Entrée plein tarif : 8-15 €.

⑪ BROC'BAR
Bar

Ce bar est une institution où il y a toujours du monde. Par n'importe quel temps, la terrasse offre ses chaises et tables rouges et jaunes à l'ombre ou à l'abri de l'unique arbre de la rue. L'hiver, une couverture réchauffe les plus frileux. Que ce soit pour un café ou un cocktail (9 €), il y a toujours une bonne raison de s'offrir une pause... C'est gay friendly et on peut même y manger ses propres sandwichs !
20, rue Lanterne (G7) • M° Hôtel-de-Ville • ☎ 04 78 30 82 61 • www.facebook.com/LeBrocBar • Lun.-sam. 7h-1h, dim. 10h-23h.

⑫ BAR CARLTON MGALLERY
Bar

Inutile de passer la nuit dans cet hôtel luxueux pour profiter de ce bar élégant à la touche féminine. La décoration, dans des tons roses, invite aux confidences sur la banquette centrale et sous le lustre. Intime et cosy, le Bar Carlton MGallery est un arrêt idéal après une session de shopping ou avant de sortir dîner. Profitez-en pour goûter le cocktail Carlton (à base de champagne, de nectar de fraise, de poire et de pêche de vigne) ou le Mademoiselle Fleur (champagne, liqueur de sureau, sirop de rose).
4, rue Jussieu (H8) • M° Cordeliers • ☎ 04 78 42 56 51 • T. l. j. 11h-1h • Cocktails : env. 16 €.

⑬ REDWOOD
Cocktails

Ici règne un champion du monde du cocktail ! Recettes uniques et créations sur mesure, le lieu est minuscule mais

on se serre pour siroter les cocktails aux saveurs souvent originales (à partir de 10 €).
1, rue Chavanne (G7) • M° Cordeliers • ☎ 06 14 72 29 70 • Mar.-sam. 18h30-1h (3h ven.-sam.).

⑭ BLACK FOREST SOCIETY
Cocktails

Des cocktails originaux élaborés à partir d'alcools allemands, une déco en hommage à nos voisins teutons et des saucisses-frites, voilà le concept. Service très sympa et petite terrasse en été.
29, rue de l'Arbre-Sec (H7) • M° Hôtel-de-Ville • Lun.-sam. 18h-1h (2h jeu., 3h ven.-sam.) • Cocktails : 10 €, saucisse-frites : 6 €.

⑮ LE PASSAGE
Bar à cocktails

Il faut sonner pour entrer dans ce bar à cocktails un peu secret. À l'intérieur, tout fait penser à un petit boudoir à l'ambiance feutrée. Les murs, habillés de miroirs vieillis, reflètent les silhouettes sombres installées dans des fauteuils clubs. La décoration rappelle l'esprit qui autrefois habitait cette ancienne maison close.
8, rue du Plâtre (G7) • M° Hôtel-de-Ville • ☎ 04 78 28 11 16 • www.le-passage.com • Mar.-sam. 12h-14h et 19h30-3h.

⑯ HARMONIE DES VINS
Bar à vins

Voici l'un des plus vieux bars à vins de Lyon. Pour accompagner les coups de cœur du patron (à partir de 4 €), une petite cuisine régionale le soir (ravioles, saint-marcellin, terrines...). En complément des traditionnelles planches à partager, bien sûr. C'est un peu bruyant, mais très convivial.

9, rue Neuve (H7) • M° Cordeliers • ☎ 04 72 98 85 59 • www.harmoniedesvins.fr • Mar.-ven. 10h-14h30 et 18h30-1h, sam. 18h30-1h.

Les pentes de la Croix-Rousse (Quartier 7 - p. 64)

⑰ LE COMPLEXE DU RIRE
Café-théâtre

C'est ici, sur les scènes de ce café-théâtre, que Florence Foresti a fait ses débuts, comme Titoff, Gab et les Vertugabons. Au programme : des sketchs, des spectacles humoristiques, des soirées jeunes talents (mardi, 5 €) et de bonnes tapas (2-5 €) en accompagnement (commande avant le début du spectacle).

7, rue des Capucins (G7) • M° Hôtel-de-Ville • ☎ 04 78 27 23 59 • www.complexedurire.com • Billet : 5-18 €.

⑱ L'ANTIQUAIRE
Bar à cocktails

Voici un bar à cocktails discret et plein de caractère. Pas seulement parce que César, le Parson Russell terrier de la maison, s'assoit lui aussi au bar ! Derrière le comptoir, Marc Bonneton (vainqueur du Bacardi Global Legacy Cocktail) prépare des cocktails classiques dans un décor qui rappelle les grandes heures de la prohibition. Il s'adresse à des connaisseurs ou à des curieux, prépare lui-même ses sirops et travaille avec des chartreuses produites dans la région. Il sert une variante de Ramos, un cocktail de 1880 à base de rhum Bacardi, de chartreuse verte, de sucre, de citrons vert et jaune, de blanc d'œuf, de crème fraîche et d'eau gazeuse... somptueux !

20, rue Hippolyte-Flandrin (G7) • M° Hôtel-de-Ville • ☎ 06 34 21 54 65 • Lun.-mer. et dim. 18h30-1h, jeu.-sam. 18h30-3h • Cocktails : 9-12 €.

⑲ SODA BAR
Bar

Quand il a ouvert il y a déjà quelques années, le Soda Bar donnait un coup de jeune à l'image des cocktails. Depuis, c'est devenu un incontournable où la musique est reine. Les barmen s'adonnent ici au flair bartending, une spécialité qui consiste à préparer les cocktails en jonglant avec les bouteilles. Le tout sous les yeux de Barbie, Ken et quelques repris de justice punaisés aux murs.

7, rue de la Martinière (G7) • M° Hôtel-de-Ville • ☎ 04 78 39 06 66

• www.soda-bar.fr • Mar.-mer. 18h30-1h, jeu.-sam. 18h30-3h • Cocktails : 8-10 €.

⑳ THE MONKEY CLUB
Bar

Passer la porte du Monkey Club, c'est un peu entrer dans un cabinet de curiosités très *British* : vert anglais aux murs, crâne de singe, canard empaillé, papillons sous verre... De vieux flacons et des livres anciens viennent compléter le tableau. Les barmen y manient le shaker en bretelles et nœud pap' sous une pluie de décibels. La carte des cocktails est abondante, mais le Monkey Mule (whisky Monkey Shoulder, jus de citron pressé, miel, Angostura et bière de gingembre) devrait définitivement vous transporter dans un club londonien du XIXe s. Pour garder les idées claires, on pourra aussi grignoter des assiettes de charcuterie bien lyonnaises, elles (9 ou 17 €) !

19, pl. Tolozan (H7) • M° Hôtel-de-Ville • ☎ 04 78 27 99 29 • www.themonkeyclub.fr • Lun. 12h-14h30, mar.-mer. 12h-14h30 et 18h30-1h, jeu.-ven. 12h-14h30 et 18h30-3h, sam. 18h30-3h, dim. 11h-15h • Cocktails : env. 10 €.

㉑ LES SUBSISTANCES
Spectacles

Cet ancien couvent du XVIIe s., transformé en grenier puis en magasin militaire, a été rénové et est aujourd'hui un espace d'expérimentation et de confrontation consacré aux nouveaux langages du spectacle vivant : danse, théâtre, nouveau cirque, etc. C'est aussi un lieu où, avec l'École nationale des beaux-arts, on développe des activités dans le domaine des arts visuels.

Les Subsistances

8 bis, quai Saint-Vincent (A2-3) • Bus C14, 31, arrêt Subsistances • ☎ 04 78 39 10 02 • www.les-subs.com • Billetterie : mar.-ven. 13h30-18h (sam. mars.-oct.) • Billet : 14 €.

㉒ LE BEC DE JAZZ
Jazz

Dans ce QG lyonnais des danseurs de rock et des fans de musique jazzy, on vient finir une soirée entre amis ou à deux, un verre de punch maison à la main. Programmation soignée par l'atypique maître des lieux.

19, rue Burdeau (C2) • M° Croix-Paquet • ☎ 06 69 38 74 17 • Mer.-sam. 23h-6h.

㉓ LE FANTÔME DE L'OPÉRA
Cocktails

Ici c'est une barmaid qui propose ses créations dans un cadre chic et tamisé avec murs en pierre, poutres apparentes et fauteuils cosy. Des cocktails aux saveurs recherchées (à partir de 10 €) à accompagner de grignotages salés et sucrés (suffisamment rares pour être signalés). Accueil adorable et ambiance musicale parfaite.

19, rue Royale (C2) • M° Hôtel-de-Ville • ☎ 04 37 92 03 88 • www.lefantomedelopera.fr • Mar.-sam. 18h-1h.

Le Fantôme de l'Opéra

Le plateau de la Croix-Rousse (Quartier 8 - p. 70)

VOIR :

Compagnie Daniel Streble **| p. 144 |** **B1 ㉔**

Autour du parc de la Tête d'or (Quartier 9 - p. 76)

㉕ JULIETTE
Bar

Sur la toile au-dessus du bar, Juliette Récamier trône dans une pose lascive, scrutant ses hôtes modernes. La belle Lyonnaise tint de nombreux salons à Paris, à partir de 1797, où le gratin politique, littéraire et artistique se pressait. Le bar Juliette, c'est un peu ça.

Juliette

On y va pour voir et être vu. Pour goûter, aussi, aux délicieux cocktails et à l'absinthe qui revient à la mode (6 €). À essayer aussi, le Juliette Aperitivo, une variante locale du Spritz.
41, rue Juliette-Récamier (D2) • M° Brotteaux • ☎ 04 78 52 83 80 • www.cafejuliette.com • Lun.-ven. 7h30-1h, sam. 18h-1h • Cocktails : 12-19 €.

㉗ CASINO LE PHARAON
Casino

On vient au casino de Lyon, niché dans la Cité internationale un peu désertée le soir, jouer sur pas moins de 250 machines à sous. Dans cette atmosphère égyptienne, prenez le temps de siroter un cocktail.
70, quai Charles-de-Gaulle (D1) • Bus C1, C4 ou C5, arrêt Musée d'Art contemporain • ☎ 04 78 17 53 53 • www.casino-lyon.com • T. l. j. 10h-4h.

㉘ VYU
Bar

Au sein de la gare des Brotteaux, un bar sympa à la déco un peu trash et à la playlist rock. Cocktails autour de 10 € aux recettes bien rodées. Tentez tout de même l'Iguane, aux saveurs plus originales. Terrasse en été.
13 ter, place Jules-Ferry (D-E2) • M° Brotteaux • ☎ 04 37 24 30 52 • Lun.-sam. 12h-15h et 18h-1h.

VOIR AUSSI :
Véritable Guignol du Vieux-Lyon et du Parc | p. 144 | D2 ㉙

Autour de la Guillotière et de la Part-Dieu (Quartier 10 - p. 80)

㉚ CELEST BAR
Bar

Le bar le plus haut perché de Lyon a rouvert ses portes. Antonio, le maître des lieux, y propose une carte de cocktails très originaux, remettant au goût du jour des alcools parfois oubliés (Drambuie, Saint-Germain). Mais

Nos meilleurs BARS MUSICAUX

Rock, disco, jazz ou électro... la scène lyonnaise, entre clubs et salles de concerts, saura divertir les noctambules avides de bonne musique.

Le Périscope

LE SUCRE

Électro, rock, disco... une programmation éclectique avec une vue exceptionnelle sur la Saône.
Voir p. 129.

LE PÉRISCOPE

Essentiellement des concerts de jazz, mais parmi les quelque 130 concerts organisés chaque année, vous trouverez également d'autres styles musicaux et des cabarets poétiques. *Voir p. 131.*

LE MARCHÉ GARE

Une belle salle de concerts dans le quartier de la Confluence, avec chaque année au programme une soixantaine de concerts rock, métal, folk, pop... Éclectique et dense !
Voir p. 130.

HOT CLUB LYON

Le jazz dans tous ses états... Les plus grands musiciens du genre s'y sont produits, et aujourd'hui encore on y croise des pointures, notamment lors du Hot Club Jazz Festival, en avril. *Voir p. 131.*

NINKASI GERLAND

Salle de spectacles, bar avec concerts et DJ, *biergarten* et restaurant, voilà un espace polyvalent à l'éclectique programmation musicale. *Voir p. 143.*

n'hésitez pas à lui demander une création sur mesure ! Petite restauration snacking. Le lieu est également un restaurant gastronomique, jouissant de la même vue exceptionnelle.

129, rue Servient (D3) • M° Part-Dieu • ☎ 04 78 63 55 46 • https://celest-bar-restaurant.com • T. l. j. 11h-1h • Cocktails : à partir de 14 €, assiette de tapas : 10 €.

㉛ MAMA SHELTER
Bar & concerts

La déco de Philippe Starck, les dizaines de bouées accrochées au plafond, les concerts au fil des semaines et les cocktails du barman font de cette adresse un lieu nocturne réputé malgré le manque de tablées conviviales (asseyez-vous plutôt autour de l'immense comptoir) et le service un peu trop snob parfois. Cocktail à partir de 10 €, restauration à toute heure.

13, rue Domer (D4) • M° Jean-Macé • ☎ 04 78 02 58 00 • www.mamashelter.com/fr/lyon • T. l. j. 18h-1h30 • Cocktails : 7-14 €.

㉜ LA PASSAGÈRE
Péniche-concert

Sur cette portion des quais du Rhône, les péniches se succèdent et la Passagère reste. Ici, on

Mama Shelter

s'entasse pour siroter l'un des meilleurs mojitos de Lyon jusque tard dans la nuit. Attention aux toilettes, où tout le monde est resté coincé au moins une fois !
21, quai Victor-Augagneur (H9) • M° Guillotière • 04 72 73 36 98 • Concerts lun.-mer. 21h30, scène ouverte dim.

㉝ AROMO
Bar à vins

Une des adresses les plus courues des Lyonnais pour boire un verre de vin français ou australien à l'heure de l'apéritif ou en fin de soirée. Superbe sélection de planches de charcuteries et de fromages, affinés soigneusement (à partir de 12 €).
15, rue Montesquieu (C4) • M° Guillotière • ☎ 06 66 21 93 99 • www.aromo-lyon.com • Mar.-sam. 18h-1h.

㉞ MADEMOISELLE RÊVE
Bar à vins

Marie est Mademoiselle Rêve. Elle vous accueille dans son bar à vins comme à la maison, connaît sa carte sur le bout des doigts (vins au verre à partir de 3 €) et saura vous conseiller comme personne. Faites-lui confiance les yeux fermés ! Côté grignotage, des planches plutôt classiques de charcuteries et fromages à partager.
215, rue Vendôme (D3) • M° Place-Guichard • ☎ 04 78 37 68 14 • Lun.-ven. 10h-14h et 18h-1h.

Aromo

㉟ AUDITORIUM DE LYON
Musique classique

Sous son aspect de soucoupe volante des années 1970, l'Auditorium est une salle à l'acoustique parfaite, terrain de jeu de l'Orchestre national de Lyon. On y vient tout au long de la semaine pour sa programmation éclectique et abordable, avec des ciné-concerts qui revisitent les bandes originales des plus grands films, mais aussi des concerts de musique classique.
149, rue Garibaldi (D3) • M° Place-Guichard • ☎ 04 78 95 95 95 • www.auditorium-lyon.com • F. estivale 23 juil.-24 août • Billetterie : lun.-ven. 11h-18h, sam. 14h-18h (jours de concert) et soirs de concert jusqu'à l'entracte • Billet : 16-68 €.

Monplaisir (Quartier 11 - p. 86)

36 MAISON DE LA DANSE
Danse

Depuis plus de trente ans, la Maison de la Danse programme près de 200 représentations et invite 30 à 40 compagnies mêlant le classique, le moderne, le jazz, le flamenco... En septembre les années paires, la Biennale de la danse rassemble ici les passionnés de Carolyn Carlson comme d'Angelin Preljocaj (p. 17).

8, av. Jean-Mermoz (E6) • M° Grange-Blanche, puis tram 2, arrêt Bachut-Mairie-du-8e • ☎ 04 72 78 18 00 • www.maisondeladanse.com • F. estivale 26 juil.-25 août • Billetterie : lun.-ven. 11h45-13h45, sam. à partir de 18h les soirs de spectacle, dim. 1h avant le spectacle • Billet : 10-44 €.

Villeurbanne (Quartier 12 - p. 94)

37 LE TRANSBORDEUR
Concerts

En 1989, le groupe New Order inaugurait cette salle de concerts dans une ancienne usine de traitement des eaux. Depuis, le « Transbo » a accueilli une foule de musiciens dont Joe Jackson, Simple Minds, le Wu-Tang Clan ou encore Benjamin Biolay. Au programme : du rock, de la chanson, du hip-hop, de l'électro...

3, bd de la Bataille-de-Stalingrad (E1) • Bus C2, C26 et 70, arrêt Cité-Internationale-Transbordeur • ☎ 04 78 93 08 33 • www.transbordeur.fr • Entrée plein tarif : 0-45 €.

38 DOUBLE MIXTE
Événements

Double Mixte, c'est 10 000 m² totalement modulables où s'organisent aussi bien des concours administratifs que des salons, des foires, des concerts et des soirées spéciales. À l'hiver 2013-2014, les lieux innovaient, avec *Ice in Lyon*, une patinoire intérieure éphémère.

19, av. Gaston-Berger (E1) • Tram 1, arrêt La Doua-Gaston-Berger • ☎ 04 72 44 60 17 • www.doublemixte.com

39 LE THÉÂTRE NATIONAL POPULAIRE
Théâtre

Cette institution fut dirigée dans les années 1950 par Jean Vilar, pour qui le théâtre était un service public comme le gaz ou l'électricité. Transféré à Villeurbanne en 1972, le théâtre est conduit aujourd'hui par Christian Schiaretti, et sa programmation - pièces du répertoire, créations innovantes, spectacles étrangers... - a toujours le souci de la démocratisation culturelle.

8, pl. du Docteur-Lazare-Goujon (plan p. 94) • M° Gratte-Ciel • ☎ 04 78 03 30 00 • www.tnp-villeurbanne.com • Billet : 25 €.

Hors visite

㊵ NINKASI GERLAND
Brasserie, concerts...

Ninkasi, c'est le nom de la déesse de la bière dans la mythologie sumérienne. Depuis 1997, c'est aussi une brasserie, une marque de bière, un bar-restaurant et un café-concert ! Cette brasserie artisanale est la première et la plus grande du groupe Ninkasi, phénomène 100 % lyonnais. Outre la salle de spectacles de 600 places, Ninkasi Gerland c'est aussi le Kafé (bar et lieu de snacking avec concerts et DJ), le Snack (son burger est fameux, 9,90 €), le Silo, un restaurant qui propose une cuisine autour des matières premières de la bière, un *biergarten* et une guitoune, un espace plus calme avec une belle terrasse.

267, rue Marcel-Mérieux (C6) • M° Stade-de-Gerland • ☎ 04 72 76 89 00 • www.ninkasi.fr • Lun.-jeu. 10h-1h, ven.-sam. 10h-4h, dim. 10h-minuit • Bière : 3,20 € le demi, 21 € le pichet.

Guignol ! Guignol !

Qui, enfant, n'a pas crié « Guignol ! Guignol ! » pour le prévenir de l'arrivée de la maréchaussée ? Si le grand *gone* que vous êtes regrette ce temps, vous pourrez assister à Lyon à ce nombreux spectacles où notre ami et sa *fenotte* Madelon se jouent des politiciens en racontant tout un *cuchon* de bêtises dans le parler lyonnais.

LAURENT MOURGUET

Il est le créateur de Guignol. Né en 1769, Laurent Mourguet est d'abord un canut, un ouvrier de la soie qui se retrouve au chômage après la Révolution, quand la soierie connaît la crise. Pour gagner son pain, il devient colporteur puis marionnettiste, se produisant de foire en foire. Oubliant Polichinelle, il crée en 1808 le personnage de Guignol, qui prend toujours parti pour les petites gens. Avec son fils, sa fille et son gendre, ils forment une troupe et transportent leur théâtre dans les rues de Lyon.

LES MARIONNETTES

Ce sont des marionnettes à gaine dont la tête est sculptée dans un morceau de tilleul. Le manipulateur, debout derrière la façade du *castelet*

Où rire avec Guignol ?

• **Compagnie Daniel Streble.** De père en fils et en fille depuis 1929, la famille Streble fait vivre Guignol et ses collègues dans un répertoire classique, parfois remis au goût du jour. Riche d'une collection de plus de 360 marionnettes (dont certaines ont plus de 200 ans), la compagnie fait visiter les coulisses du théâtre après la représentation.

㉔ La Ficelle, 65, bd des Canuts (B1) • M° Hénon ☎ 04 72 32 11 55 • www.guignol-un-gone-de-lyon.com • Mer., sam., dim. 15h30 ; t. l. j. 15h30 pdt les vacances scolaires lyonnaises (f. estivale 20 juin-sept.).

• **Véritable Guignol du Vieux-Lyon et du Parc.** Tous les *gones* lyonnais ont usé leur fond de culotte sur les bancs du théâtre de Guignol au parc de la Tête d'or. Guignol y a son franc-parler dans le vieux lyonnais que les enfants ne comprennent pas toujours. Mais ce n'est pas grave, l'ambiance est sympathique et gaie.

㉙ Parc de la Tête d'or (D2) • ☎ 04 78 28 60 41 • www.theatre-guignol.com • Mer., sam., dim. 15h, 16h, 17h (et 18h l'été) ; t. l. j. pdt les vacances scolaires lyonnaises et l'été.

(théâtre), la tient à bout de bras, bien au-dessus de sa tête. En règle générale, Guignol est joué sur la main gauche et Gnafron sur la droite.

PORTRAIT DE GUIGNOL

Des yeux malicieux, une mèche de cheveux qui s'échappe d'un bicorne aux bords rabattus, une jaquette marron, celles des ouvriers, c'est lui Guignol, un petit personnage populaire, un peu canaille et généreux, simplet mais plein de bon sens. Mais c'est surtout sa verve aux accents lyonnais et ses moqueries vis-à-vis des autorités et des bourgeois qui ont fait son succès.

GUIGNOL ET SES AMIS !

Guignol n'est pas seul dans son *castelet*, il est accompagné de ses amis Gnafron et Madelon. Pour le personnage de Gnafron, Mourguet s'est inspiré de Thomas Ladray, un musicien et bonimenteur qui avait un faible pour le beaujolais. Le nez rouge, une bouche édentée, il se voit avec le temps coiffer d'un chapeau et doter d'un tablier, et se définit comme le « médecin de la chaussure humaine », un *gnafre* étant un cordonnier. Quant à Madelon, elle est la femme de Guignol, acariâtre mais fière de son mari !

LES SPECTACLES

Les spectacles de Guignol, par leur satire, permettaient à un public populaire de se tenir au courant de l'actualité. Les spectacles avaient lieu dans les rues ou dans des théâtres permanents. Il y avait aussi des *castelets* d'appartement car on jouait Guignol au salon jusqu'au milieu du XXe s. On peut voir ces petits théâtres au musée des Marionnettes du monde. Aujourd'hui, Guignol amuse toujours autant petits et grands. Des spectacles sous forme humoristique traitent de l'actualité, des faits divers et égratignent les politiciens.

MOISSON D'AVRIL

Cette Biennale internationale de la marionnette réunit pendant huit jours une vingtaine de compagnies françaises et étrangères qui présentent leurs nouveaux spectacles. C'est l'occasion de découvrir un théâtre très créatif, utilisant des techniques et des matériaux innovants, ainsi que de nouveaux langages artistiques qui donnent vie à l'imaginaire (programmation sur www.moissondavril.com).

Boutiques

PAR QUARTIER

Les coups de cœur DE NOTRE AUTEUR

Parmi la centaine d'adresses testées, voici celles que notre auteur a préférées lors de ses pérégrinations dans Lyon.

LE CABANON

La jolie boutique déco qui met aussi en avant les créateurs lyonnais. *Voir p. 159.*

L'INSTANT POÉTIQUE

Pour sa sélection pointue de créateurs lyonnais et de marques reconnues en matière de déco. L'adresse parfaite pour offrir un cadeau à sa meilleure copine. *Voir p. 173.*

Le Cabanon

Blush intimate

KIOSQUE IN LYON

Le concept store qui dépoussière la boutique de souvenirs. *Voir p. 162.*

BLUSH INTIMATE

Avec des gadgets et des bijoux à tous les prix, c'est la boutique parfaite pour trouver vos petits cadeaux. *Voir p. 178.*

CARRIE BRADSHOP

Le royaume de la fripe à petits prix ! Demandez l'impossible, on vous le trouvera. *Voir p. 168.*

À SAVOIR

À GLISSER DANS VOS VALISES

Un coupon, un foulard ou une robe en soie bien sûr ! Pour être à la pointe de la mode, rendez-vous à la boutique VDC|B (p. 172) du Village des Créateurs où vous dénicherez une foule de vêtements, d'accessoires et d'objets de décoration originaux signés par de jeunes créateurs. Sinon, optez pour les marques 100 % lyonnaises : Acoté, Cotélac ou Tinsels à qui l'on promet une belle carrière. Le vintage est de retour : n'hésitez pas à dégotter une jolie pièce. Enfin, les gourmets rempliront leur garde-manger : jésus de Lyon, coussins, quenelles de brochet, pot lyonnais, saint-marcellin !

HORAIRES D'OUVERTURE

Le lundi, les boutiques sont souvent fermées ou ouvrent tard le matin, voire l'après-midi. La plupart ferment vers 18h30-19h (les grandes enseignes, 19h30) avec une pause déjeuner entre 13h et 14h. Le dimanche, seules les boutiques du Vieux-Lyon et les Puces du Canal sont ouvertes.

CENTRES COMMERCIAUX ET GRANDS MAGASINS

Parmi les grands magasins et centres commerciaux de Lyon, il y a en centre-ville **Le Printemps** (42, rue de la République, H8, ☎ 04 26 03 44 29, www.printemps.com) et le grand **Monoprix** du 27, de la rue de la République (H8, ☎ 04 37 23 70 20, www.monoprix.fr) ; de l'autre côté du Rhône, le centre commercial **La Part-Dieu** (17, rue du Docteur-Bouchut, D3, ☎ 04 72 60 60 62, www.centrecommercial-part-dieu.com), l'un des plus grands d'Europe, offre pléthore de magasins et de restaurants, tandis que le centre **Confluence** attire les foules (p. 158).

SE REPÉRER

Chaque adresse de boutique est associée à une pastille rouge numérotée. Vous retrouverez toutes les adresses positionnées sur le plan détachable.

Boutiques
PAR QUARTIER

Fourvière (Quartier 1 - p. 22)

① SOIERIE SAINT-GEORGES
Soie

Dans son atelier, Ludovic de la Calle ressemble à un magicien : il fabrique pour des créateurs de mode, sur un vieux métier du XIXe s., des tissus mêlant fils d'or et fils de soie. Il raconte avec plaisir l'histoire de la soie, la façon de préparer la chaîne ou la fabrication de velours somptueux. Enfin, il propose à la vente des foulards, des carrés de soie (40 et 60 €) et des écharpes en mousseline de soie (20 €).

11, rue Mourguet (F9) • M° Vieux-Lyon • ☎ 04 72 40 25 13 • http://soierie.st.georges.free.fr • Lun.-sam. 10h-19h.

Saint-Jean (Quartier 2 - p. 30)

② L'HORLOGER DE SAINT-PAUL
Pendules

Saviez-vous qu'à la Renaissance, Lyon était un grand centre horloger ? Tout le monde voulait son horloge, tant et si bien que des arrêtés furent pris pour réglementer ces sonneries intempestives. Philippe Carry, le dernier horloger de Saint-Paul, en connaît tout un rayon dans ce domaine, et c'est toujours avec plaisir qu'il explique l'histoire et les rouages de son métier. S'il restaure des pendules anciennes, il crée aussi des modèles uniques sur mesure !

20, rue Juiverie (F8) • M° Vieux-Lyon • ☎ 04 78 28 89 29 • Mar.-sam. 10h-12h et 14h30-19h, lun. sur r.-v.

③ LE MARCHÉ DE LA CRÉATION
Tableaux, photographies

Depuis 1979, ce marché de la Création égaie Lyon de ses œuvres colorées et originales. Sur les quais et sous les platanes, vous pourrez succomber à l'une des œuvres de près de 150 artistes : peintres, graveurs, sculpteurs, photographes, artisans d'art… Il y a forcément un coup de cœur à la clé !

Quai de Bondy (G7) • M° Vieux-Lyon • www.quaidesartistes-lyon.fr • Dim. 8h-13h.

④ ANDRÉ BERTHET
Photographies anciennes

André Berthet est un passionné discret, mais la photographie ancienne n'a pas de secret pour lui. Il faudra peut-être un peu le cuisiner pour qu'il sorte ses tirages préférés, ses ferrotypes, daguerréotypes ou encore ses collections de photos en 3D absolument remarquables, à regarder sur sa visionneuse stéréoscopique vieille d'un siècle ! Ses photographies industrielles des années 1930 valent, elles aussi, le temps d'une pause...

19, rue des Trois-Maries (G8) • M° Vieux-Lyon • ☎ 04 78 92 81 74 • Mar. et jeu.-sam. 14h30-19h, dim. aux puces de Villeurbanne.

⑤ LE LUMINARIUM
Concept store

Dans cette petite rue du très touristique quartier Saint-Jean, on vient se régaler de gourmandises autour d'une tasse de thé (3 €), mais aussi découvrir les créations lumineuses du maître des lieux, idéales pour personnaliser votre intérieur. En bonus, un *corner* dédié aux créateurs lyonnais, pour la déco qui accompagnera la superbe lampe sur laquelle vous aurez craqué !

9, rue des Trois-Maries (G8) • M° Vieux-Lyon • ☎ 04 78 82 11 25 • Mer.-dim. 13h-19h.

⑥ ANTIC WINE
Vins

Le sommelier Georges Dos Santos est une légende lyonnaise et ses humeurs - il est tantôt très sympathique et généreux, tantôt franchement désagréable - font partie du charme... Sa cave, elle, est constante dans l'excellence : avec plus de 47 500 bouteilles en stock (de 5 à 17 000 €), il fournit une centaine de restaurants dans le monde, la plupart étant des étoilés.

Antic Wine

18, rue du Bœuf (F8) • M° Vieux-Lyon • ☎ 04 78 37 08 96 • www.anticwine.com • Mar.-sam. 10h-13h et 15h-20h, dim. 11h-13h et 15h-19h.

⑦ AMBASSADE BONNAT & CROZET
Gourmandises

Quelle bonne idée, ce mariage de chocolats et de liqueurs de la région ! On ne peut que fondre ou se pâmer de bonheur. Depuis 1875, la distillerie familiale Crozet élabore des crèmes de fruits (11-21 €), des liqueurs de plantes (11-24 €) et des sirops (44 parfums différents) dans le Haut-Beaujolais. Quant à Bonnat, autre entreprise familiale depuis 1884, elle est tombée dans le chocolat (4-7,50 € la tablette, plus de 50 choix). Les tablettes grands crus et la liqueur de cassis sont des incontournables.

12, rue du Bœuf (F8) • M° Vieux-Lyon • ☎ 04 72 40 99 66 • www.ambassade-bonnat-crozet.fr • T. l. j. 10h-13h et 14h-19h.

⑧ LES ATELIERS DE MARINETTE
Antiquités

Thibault est comme son père, le patron de La Limonade de Marinette (p. 32) : le vintage est inscrit dans son ADN. À l'âge de 20 ans à peine, il a ouvert cette boutique où une joyeuse nostalgie plane sur ses mille bricoles : anciennes caisses en bois Chocolat Meunier ou Dubonnet restaurées (90 €), gomme L'École (2 €), voitures anciennes en plastique (4 €), bobines de fil détournées en patères...

46, rue Saint-Georges (F9) • M° Vieux-Lyon • ☎ 09 50 22 66 48 • www.ateliers-marinette.fr • Mer.-dim. 11h-19h.

⑨ CHAVASSIEU
Herboristerie

Cette échoppe, à l'ombre de la cathédrale Saint-Jean, semble sortir d'un autre temps, celui où les grands-mères soignaient les rhumatismes, les douleurs d'estomac ou les sautes d'humeur avec les plantes. Cette herboristerie propose de merveilleux mélanges de fleurs, de feuilles ou de plantes et des huiles essentielles. Tilleul, menthe, verveine (3,95 €/100 g) et autres produits sont à glisser dans les valises.

8, pl. Saint-Jean (F8) • M° Vieux-Lyon • ☎ 04 78 37 88 18 • Mar.-sam. 10h-19h.

⑩ GOODSON
Cadeaux

Dans cette boutique, on dégote pêle-mêle des mouchoirs « 100 $ » à 2,50 €, des radios rétro (69-389 €), une lampe de chevet repose-livre en forme de maison (89 €) ou un diaporama « balade dans les bois » où le loup et le corbeau se cachent au moindre de vos mouvements (59 €). Bref, plein d'objets pas vraiment utiles, mais qui feront beaucoup d'effet.

22, rue Paul-Chenavard (G7) • M° Hôtel-de-Ville • ☎ 04 72 07 44 00 • www.goodson.fr • Lun. 14h-19h, mar. 10h-13h et 14h-19h, mer.-sam. 10h-19h.

⑪ MARC CURIAL
Lithographies

En France, Marc Curial est l'un des derniers peintres et dessinateurs de pin-up, ces créatures pulpeuses tout en rondeurs sorties des années 1950. Outre ses lithographies (70 €), il réalise des fresques et donne des cours de peinture en lettres et d'aérographie. Sa boutique vit au rythme des 33 ou 45 tours d'Eddy Mitchell (3 €), du jukebox ou de l'électrophone Teppaz (320 €), une marque lyonnaise. Et, pour compléter le tableau, le flipper (800 €) fonctionne !

3, rue Juiverie (F7) • M° Vieux-Lyon • ☎ 04 72 07 06 67 • www.marc-curial.com • Mer.-sam. 11h-20h, dim. 14h-19h.

Marc Curial

Autour de la rue Auguste-Comte (Quartier 3 - p. 42)

⑫ L'ATELIER LUNETTES À FAÇON
Lunettes

Jetez un œil à ces lunettes fabriquées à la main et made in Villeurbanne. Jean-François Lavada produit des modèles déclinables dans plusieurs coloris sur commande (175 € la paire, hors verre). Vous pourrez même suivre leur fabrication dans l'atelier (sur r.-v.). À voir aussi, les lunettes de soleil Lesca et des modèles des années 1950 repolis (150 € la paire). De quoi voir la vie en rétro et de toutes les couleurs !

18, rue Auguste-Comte (G9) • M° Ampère • ☎ 04 72 31 60 49 • www.boutiques-lunettes-lyon.fr • Lun. 14h-19h, mar.-ven. 10h-19h, sam. 10h-18h.

⑬ NYACK
Mode femme

C'est la taille « mouchoir de poche » de cette boutique qui fait tout son charme, ainsi que son sol en carreaux vintage. Les filles y perdent la tête pour se rhabiller... de la tête aux pieds. On y trouve des marques lyonnaises telles que Tinsels (110 € le pantalon) et des bijoux (45 € le collier).

7, rue Auguste-Comte (G9) • M° Ampère • ☎ 04 37 57 53 26 • www.nyack

boutique.fr • Mar.-ven. 10h-12h30 et 14h-19h, sam. 10h30-19h.

⑭ ANTIC DOLLS TOYS
Jouets

Dans cette toute petite boutique, on retombe immédiatement en enfance. La propriétaire passionnée saura vous raconter l'histoire de chaque jouet, poupées celluloïd comme anciens véhicules de pompiers.

28, rue Auguste-Comte (B4) • M° Ampère • ☎ 04 78 42 91 51 • http://antiquedollstoys.com • Mar.-sam. 9h-12h et 14h-19h.

⑮ ACOTÉ
Mode femme

Petite sœur de la marque Cotélac, Acoté est née en 2004 et a grandi dans la région lyonnaise. Il y a de la douceur et de la poésie dans les coupes et les matières des vêtements, ponctués de savants mariages de teintures créatives et d'imprimés discrets. Si l'univers des deux marques est très proche, la petite dernière a l'avantage d'offrir des prix plus légers (pantalon 129-235 €).

18, rue Auguste-Comte (G9) • M° Ampère • ☎ 04 78 37 01 22 • www.acote.com • Lun. 14h-19h, mar.-sam. 10h-19h.

⑯ BONNY.
Mode femme

À défaut de trouver Clyde, on dégote le Graal de la mode parmi ce joli bouquet de vêtements et d'accessoires mâtinés d'esprit folk et bohème. Les marques françaises se taillent une jolie part (Sessùn, FrenchTrotters, Polder...) aux côtés de marques scandinaves (dont BeckSöndergaard). La boutique ? On s'y sent (presque) comme chez soi, avec ses tomettes à l'ancienne et ses portes *old style*.

11, rue Sainte-Hélène (B4) • M° Ampère ou Bellecour • ☎ 04 37 57 77 96 • www.bonny-clothes.fr • Mar.-ven. 10h-13h et 14h30-19h, sam. 10h-19h.

⑰ SUMMER
Mode homme

Une boutique lumineuse que les filles envient aux garçons ! Elle

Bonny.

Nos boutiques LES PLUS BRANCHÉES

Voici la sélection de notre auteur qui vous permettra de refaire votre garde-robe...

NYACK

Une boutique minuscule pleine de charme où les filles se rhabillent de la tête aux pieds. *Voir p. 152.*

BONNY.

Un joli écrin pour la mode folk et bohème, pour femmes, de marques françaises et scandinaves. *Voir p. 153.*

SUMMER

De grandes marques pour homme dans une déco design (le mobilier s'achète aussi !). *Voir p. 153.*

THE ROYAL RACER

La boutique rêvée pour les amateurs de sports mécaniques : vestes, chaussures, casques, livres... Tout pour la parfaite panoplie ! *Voir p. 164.*

VDC|B

Prêt-à-porter, accessoires, déco... Ce concept store met en avant les créations des designers lyonnais avec dynamisme. *Voir p. 172.*

Summer

propose des marques comme A.P.C., Converse, Our Legacy... Les propriétaires aimant le design, ils vendent aussi du mobilier, chiné ou non. À noter, leur collaboration avec l'Institut Très Bien (p. 159) qui a imaginé de subtils parfums d'ambiance (42 €).
1, pl. Gailleton (C4) • M° Ampère • ☎ 04 78 62 83 50 • www.summer-store.eu • Mar.-sam. 10h30-19h30.

⑱ ENTRE [VUES]
Lunettes

Rentrez donc dans cette boutique pour : 1) chausser de bonnes lunettes parmi les marques pointues dont Mykita (300 € la monture) - pour le look Harry Potter - ou encore Garrett Leight, Rolf... 2) admirer la décoration signée COD (p. 156), qui nous plonge dans les années 1900. Un ravissement pour les yeux !
17, rue Auguste-Comte (C4) • M° Ampère • ☎ 04 72 77 90 10 • www.entre-vues.fr • Mar.-sam. 10h-19h30.

⑲ TOUSOIE
Soie

À deux pas du musée des Tissus (p. 43), Tousoie est le magasin d'usine du soyeux Sfate et Combier. Réputé pour sa mousseline de soie et ses tissus prestigieux, il fournit les créateurs de prêt-à-porter et de la haute couture. La boutique vend sa fameuse mousseline (env. 50 € le mètre), mais aussi du satin, du taffetas et du crêpe pour des foulards, des étoles, des écharpes et des carrés colorés.
19, rue Auguste-Comte (B-C4) • M° Ampère • ☎ 04 78 92 94 63 • www.tousoie.com • Mar.-sam. 10h-12h30 et 14h-19h.

⑳ ABS
Skate

Il y a quinze ans, ABS était l'un des premiers magasins de skate de la région lyonnaise. Depuis, sa réputation n'a pas faibli : il fournit de très belles planches montées ou non (entre 80 et 120 €) et même le dernier modèle coloré Bantam (99 €), adopté par les filles à la place de leur sac à main. Également des snowboards et de nombreux accessoires dont le best-seller, le sac à dos Dakine, pour porter les skis (55-75 €).

18, rue Sainte-Hélène (B4) • M° Ampère • ☎ 04 72 40 01 57 • www.abslyon.com • Lun. 14h-18h, mar.-sam. 10h-19h.

㉑ LOFT
Outlet

Aussi chic qu'une boutique classique, cet outlet de la marque Loft ne laissera pas indifférent, d'autant que les collections des années précédentes sont proposées à petits prix : comptez 45 € pour un pantalon et 20 € pour un tee-shirt. Allez-y en famille, il y a du choix pour l'homme, la femme et l'enfant.

19, rue Auguste-Comte (B-C4) • M° Ampère • ☎ 04 72 32 93 88 • www.loftdesignby.com • Mar.-sam. 11h-19h.

㉒ ARPIN
Laine

C'est au cœur des Alpes que la filature Arpin est née en 1817. Depuis, elle fabrique des tissus lainiers à partir des toisons brutes de moutons alpins ; c'est la dernière filature française à le faire. Dans la boutique, qui dépoussière l'image de la laine, on se réchauffera de plaids (149-399 €), ou l'on jettera un œil aux rideaux et aux écharpes (119 €). Ne ratez pas les braderies deux fois l'an.

32, rue Auguste-Comte (B4) • M° Ampère • ☎ 09 82 57 37 07 • http://arpin1817.com • Lun.-sam. 11h-12h et 15h-19h.

㉓ COD
Décoration

Collection of Design est un lieu dédié au design d'hier et d'aujourd'hui. S'y côtoient

Marché de la Mode Vintage

Depuis 2001 à Lyon, le Marché de la Mode Vintage agite les penderies des années 1950 aux années 1990. Ouvert à tous, professionnels, collectionneurs et particuliers, on vient y choisir une nouvelle garde-robe, mais aussi dénicher les nouvelles tendances. Sympathique et joyeux, il se déroule chaque année à Lyon (en mars) dans de très beaux lieux et accueille près de 35 000 visiteurs à chaque édition. Fort de son succès, il voyage aussi dans d'autres villes.

www.marchemodevintage.com

du mobilier vintage chiné dans les pays scandinaves, en Italie ou ailleurs, et des pièces de maîtres du design ayant marqué l'après-guerre. Exit les copies, seuls les originaux ont droit de cité dans ces murs.

17, rue des Remparts-d'Ainay (B4) • M° Ampère • ☎ 06 13 15 41 19 ou ☎ 06 68 49 18 16 • www.collectionofdesign.com • Mar.-sam. 10h-19h30.

㉔ PIERRE BILLON
Antiquités

Des airs de Mistinguett grésillent sur le phonographe des années 1930 (170 €). Dans cette boutique à remonter le temps, Pierre Billon restaure et vend la mécanique ancienne oubliée. Il y a là des boîtes à musique (760 €), des automates, des instruments scientifiques et des curiosités mécaniques. Et les dernières nouveautés des années 1900 !

1, rue Sala (F9) • M° Bellecour • ☎ 06 21 02 78 55 • www.pierre-billon-antiquites.com • Lun.-sam. 14h-18h ou sur r.-v.

㉕ MAISON HAND
Décoration

Déambuler dans ce magasin de décoration, c'est comme découvrir la maison d'un inconnu : on passe de pièce en pièce – de la cuisine au salon, du salon à la chambre – dans un subtil mélange d'ambiances. Les fondateurs de la Maison Hand proposent désormais sous la marque Albito, aux cotés de marques comme Caravane, Astier de Villatte ou Paola Navone, leur propre collection de canapés sur mesure fabriqués en France. Les prix, eux, tendent vers le haut...

11 bis, rue Jarente (B4) • M° Ampère • ☎ 04 78 37 05 92 • www.maison-hand.com • Mar.-sam. 10h-12h30 et 14h-19h.

㉖ AU PASSÉ ENTREPOSÉ
Brocante

Cet immense dépôt-vente relève de la brocante. On a du mal à se frayer un passage entre les meubles de style et les vitrines remplies d'objets divers : des couverts en métal argenté dans leur écrin, un ramasse-miettes laqué noir, une vieille boîte de pastilles à sucer… Bref, il faut fouiller !

41, rue des Remparts-d'Ainay (C4) • M° Ampère • ☎ 04 78 92 85 81 • www.au-passe-entrepose.com • Mar.-sam. 10h-12h30 et 14h30-19h.

La Confluence (Quartier 4 - p. 46)

㉗ CENTRE COMMERCIAL CONFLUENCE
Centre commercial

Aficionados du shopping, voilà une ribambelle de boutiques qui ferment tard, ce qui change du centre-ville ! Outre les restaurants et le cinéma, vous pourrez prendre la pose au célèbre Photomaton du Studio Harcourt. Pour 10 €, tirez votre portrait en noir et blanc et jouez à la star.

112, cours Charlemagne (B5) • Tram 1, arrêt Hôtel de Région – Montrochet • www.confluence.fr • Boutiques : lun.-sam. 10h-20h • Restaurants : lun.-jeu. et dim. 10h-23h, ven.-sam. 10h-minuit.

La place Bellecour (Quartier 5 - p. 52)

㉘ IN CUISINE
Cuisine

In Cuisine, c'est un lieu dédié à l'art culinaire sous toutes ses formes. On y trouve des livres sur les cuisines du monde entier et de Lyon en particulier, mais aussi des batteries d'ustensiles et des curiosités telles que les Brumes Gourmandes, des sprays culinaires pour donner plus de saveur (18,90 € les 100 ml), ou les crèmes chocolatées pour le corps. On peut aussi mettre la main à la pâte lors des ateliers de cuisine (50-65 €)… ou les pieds sous la table (déjeuner 13,50 €, pâtisserie 3,50 €).

1, pl. Bellecour (G9) • M° Bellecour • ☎ 04 72 41 18 00 • www.incuisine.fr • Lun. 11h-12h et 14h-18h30, mar.-sam. 10h-12h et 14h-19h.

㉙ BALTAYAN
Cordonnier

Contrairement à l'adage, les cordonniers ne sont pas toujours les plus mal chaussés ! Les Baltayan en sont un bel exemple. Depuis 1936, cette entreprise familiale répare avec le plus grand soin les souliers en bout de course. Jean-Christophe Baltayan a d'ailleurs reçu le titre de meilleur cordonnier de France. Son secret ? Un savoir-faire unique, mais aussi le choix de cuir venu de Bavière, d'une qualité rare et presque imperméable. Vos chaussures « marchent » encore ? Jetez un œil sur la maroquinerie (sacs, trousses, porte-monnaie), elle aussi de belle qualité.

6, pl. des Célestins (G9) • M° Bellecour • ☎ 04 78 37 30 50 • www.baltayan.fr • Lun.-sam. 9h-13h et 14h-19h.

㉚ LE CABANON
Design

Dans cette boutique de poche installée à deux pas de la place Bellecour, on retrouve des objets design signés Bloomingville et de créateurs lyonnais très bien mis en avant : sacs en cuir Sabatier 1947 et paniers en osier Mes Trois Étoiles (autour de 40 €). Accueil adorable et petits cadeaux à partir de 5 €.
10, rue du Plat (G9) • M° Bellecour • ☎ 09 53 08 86 94 • Mar.-sam. 10h-13h et 14h-19h30.

㉛ RACONTE-MOI LA TERRE
Librairie

Cette librairie chaleureuse est dédiée aux voyages au sens large. Ici, ils se poursuivent jusque dans l'assiette au café-restaurant où les voisins de table échangent leurs impressions sur le Canada, le Maroc ou la Russie. Un vrai tour du globe qui donne des fourmis dans les pattes.
14, rue du Plat (G9) • M° Bellecour• ☎ 04 78 92 60 22 • www.racontemoilaterre.com • Lun. 12h-19h30, mar.-sam. 10h-19h30.

㉜ BOUTIQUE OL
Football

Sportivement, l'Olympique Lyonnais a quitté Gerland pour

Nathalie Chaize

le Parc OL. Sur le plan shopping, le club a ouvert son *flagship* à deux pas de la place Bellecour, avec toute la panoplie pour ravir les supporters : maillots personnalisables, corner Adidas...
104, rue du Président-Édouard-Herriot (G9) • M° Bellecour • Lun.-sam. 10h-19h.

㉝ NATHALIE CHAIZE
Mode femme

Nathalie Chaize est l'une des designers de mode les plus connues de Lyon. Sa marque éponyme habille les femmes actives de ses imprimés colorés aux coupes structurées et inspirées par l'architecture (robe de 100 à 420 €). Petit plus : une bibliothèque propose aux clientes les lectures de la créatrice.
6, rue Gasparin (G8-9) • M° Bellecour • ☎ 04 78 37 77 24 • www.nathaliechaize.fr • Lun. 13h30-19h, mar. 10h-19h, mer. 10h-13h et 14h-19h, jeu.-sam. 10h-19h.

㉞ INSTITUT TRÈS BIEN
Parfums

En 1999, au travers des correspondances de sa grand-mère, Frédéric Burtin découvre

l'Institut Très Bien, un institut de beauté Lyonnais, que son aïeule fréquentait dans les années 1930. On y fabriquait son eau de Cologne à la russe. Retrouvant la formule, Frédéric Burtin a suivi son nez : il en a recréé l'odeur. Enfin, ce chimiste cosméticien, passé par l'école supérieure du Parfum (Versailles), a relancé l'Institut Très Bien avec ses eaux de parfums (90 €), de toilette (80 €) et de Cologne (65 €), sprays d'intérieurs (42 €) et bougies.
8, rue d'Amboise (G9) • M° Bellecour • ☎ 04 78 35 10 16 • www.institut tresbien.com • Sur r.-v. uniquement.

㉟ LAFUMA
Sport

Lafuma est une entreprise de la région qui fabriquait déjà des sacs à dos dans les années 1930. Grâce aux congés payés, la marque connut un succès rapide et, vingt ans plus tard, elle invente le premier sac à armature. Depuis, ses boutiques qui ont essaimé partout en France proposent sacs de couchage, vêtements à l'épreuve des grands froids, chaussures et accessoires de qualité.
40, rue de Brest (G8) • M° Cordeliers • ☎ 04 78 42 06 41 • www.lafuma.fr • Lun.-sam. 10h-19h.

㊱ ZADIG & VOLTAIRE
Outlet

La marque parisienne a son outlet à deux pas de la place Bellecour : une boutique pour les Juliette, une autre pour les Roméo, où l'on dégote des pièces des années précédentes. Malgré les 30 à 40 % de rabais, les prix sont malheureusement encore un peu élevés. Il n'empêche : les fans de la marque seront ravis.
7, rue du Plat (G9) • M° Bellecour ou Ampère • ☎ 04 78 42 52 88 • www.zadig-et-voltaire.com • Lun. 10h30-19h, mar.-sam. 10h-19h.

㊲ LA GRANDE OURSE
Peluches

Dans cette étonnante tanière, vous ne tomberez que sur des ours bien léchés ! Des grands, des petits, des bruns, des blonds, des blancs et des tout doux pour les doudous. L'ours, ici, se décline en peluche (avec les marques Steiff, Bearington, Bukowski, Hermann...) mais aussi en couverture, en tableau et même en boudin de porte. Sans oublier les ours pour les collectionneurs. Et pas besoin de miel pour les amadouer.
11, quai des Célestins (G9) • M° Bellecour • ☎ 04 78 42 12 83 • www.lagrandeourse.fr • Mar.-sam. 10h30-12h30 et 14h30-19h.

㊳ LEPAPE
Sport

Lepape, le temple du sport, donnerait envie de courir ou de faire fonctionner ses muscles à n'importe qui, les moins sportifs compris. Sur trois étages, ses 500 m² sont dédiés à la course à pied, au fitness et aux activités en

Le top des boutiques GOURMANDES

Saucissons, chocolats, épices, dragées... les boutiques gourmandes ne manquent pas à Lyon, considérée comme un fief de la gastronomie. Voici nos favorites...

BAHADOURIAN

Bahadourian vous transporte en un clin d'œil vers les souks d'Orient et les échoppes méditerranéennes aux multiples couleurs. *Voir p. 179.*

SIBILIA

À Lyon, tout le monde connaît Colette Sibilia. Ses charcuteries ont traversé les frontières. On se régale de ses saucissons briochés pistachés (voire truffés) ! *Voir p. 178.*

BOUILLET

On craque pour ses chocolats, ses macarons aux saveurs originales (fondez pour celui à la bergamote), ses jolies créations pâtissières et son cake au mètre. *Voir p. 173.*

VIOLETTE ET BERLINGOT

Vous retomberez immédiatement en enfance dans ce paradis sucré ! Coco Boer, dragées, bergamotes de Nancy ou roudoudous, sans oublier confitures et miels. *Voir p. 168.*

Violette et Berlingot

plein air. De la bonne chaussure aux montres GPS, du tapis de course aux vêtements, il n'y a qu'un pas à faire...
9, rue Grolée (H8) • M° Cordeliers • ☎ 04 72 04 64 64 • www.lepape.com • Lun.-sam. 10h-19h.

39 KIOSQUE IN LYON
Souvenirs

Dans son pavillon en verre installé sur la place Bellecour, Céline dépoussière le magasin de souvenirs un peu kitsch et le transforme en concept store mettant en avant les créateurs locaux. De la gastronomie à la mode en passant par la déco, ici tout est made in Lyon ! On adore la marque Lyonnaise (t-shirt à 35 €), la crème à la praline et les jolis dessins du collectif Birdy Kids.
Place Bellecour (G9) • M° Bellecour • ☎ 06 58 47 77 25 • Mar.-sam. 11h-19h.

Des Terreaux à la place des Jacobins (Quartier 6 - p. 56)

40 POP & SHOES
Chaussures

Ce n'est pas un magasin de chaussures, c'est une caverne d'Ali Baba ! Sur 200 m², on trotte d'un escarpin chic à une paire de Mexicana cow-boy ou rock'n'roll sans oublier les baskets dernier cri signées Philippe Model ou Crime (149-189 €). On peut ajouter un sac à main (à partir de 100 €) et un foulard en laine et soie (79 €) ou passer côté homme, dans une belle déco vintage chinée aux puces, pour une sélection mode (370 € les boots Pete Sorensen).
6, rue Chavanne (G7) • M° Cordeliers • ☎ 04 78 61 10 07 • www.popandshoes.com • Lun. 14h-19h, mar.-sam. 10h-19h.

41 CROZET PARAPLUIE
Ombrelles et parapluies

« Un p'tit coin d'parapluie, Contre un coin d'paradis... » Les paroles de Brassens reviennent aussitôt en mémoire. Cette enseigne vieille de plus d'un siècle propose des ombrelles et des parapluies qui traversent le temps, beau et mauvais, depuis le Senz (58 €) résistant aux vents de 80 km/h en passant par le Golf pliant pour deux personnes (69 €), la Fermeture automatique (37 €) ou encore le Piganiol, la Rolls du parapluie français.
50, pass. de l'Argue (G8) • M° Cordeliers • ☎ 04 72 41 99 92 • Lun. 14h-19h, mar.-sam. 10h-19h.

42 MAISON BROSSARD
Couteaux

Voilà une boutique comme on n'en fait plus ! Fondée en 1830, cette maison est spécialisée dans la coutellerie, la brosserie et la cisellerie. Du Laguiole au Dorry de Thiers en passant par le douk-douk de la maison Cognet, vous trouverez forcément une jolie lame... que vous pourrez, un jour,

L'Atelier de Soierie

faire affûter dans l'atelier, comme autrefois. Enfin, la mode revenant au rasage à l'ancienne, jetez donc un œil aux rasoirs de barbier, aux blaireaux et aux savons.

65-67, pass. de l'Argue (G8) • M° Cordeliers ou Bellecour • ☎ 04 78 42 06 05 • www.coutellerie-brossard.com • Lun. 14h-19h, mar.-sam. 10h-19h.

43 L'ATELIER DE SOIERIE
Soie

Traversez l'atelier de cet imprimeur sur soie (p. 67) pour découvrir ses soieries chatoyantes dont certaines sont ornées de dessins de Raoul Dufy. De 1912 à 1928, l'artiste avait créé pour la célèbre maison Bianchini-Férier près de 4 000 dessins. Vous préférez Picasso ou Basquiat ? N'ayez crainte, le choix est vaste ! Comptez 59 € pour une écharpe en mousseline de soie.

33, rue Romarin (G7) • M° Hôtel-de-Ville ou Croix-Paquet • ☎ 04 72 07 97 83 • www.atelierdesoierie.com • Lun.-ven. 9h30-13h et 14h-18h30, sam. 9h-13h et 14h-18h.

44 HÔTEL PARTICULIER
Mode femme

Dans la famille Rizal, il y a Eddy – le petit-fils de la fondatrice du groupe Rizal, spécialisé dans la fourrure et le cuir – et sa femme Roxane. Tous deux ont lancé Hôtel Particulier

Le marché des Soies

Lors de cette manifestation unique en France, le public a accès à des tissus d'exception, des mousselines, des velours, des satins de soie, jusqu'alors réservés aux grands couturiers ! Des soieries signées Bianchini-Férier, Bouton-Renaud, Sfate et Combier, Marc Rozier ou Tassinari et Chatel sont vendues au mètre, ainsi que des foulards et toute la mercerie indispensable... Il faut se dépêcher : le marché, installé au palais du Commerce, ne dure que quatre jours (fin novembre) !

45 Pl. de la Bourse (H8) • M° Cordeliers • ☎ 04 72 53 72 00 • www.intersoie.org

en réinterprétant le style couture en prêt-à-porter. Cette marque de mode lyonnaise, féminine et glamour, décline le cuir (veste 240-850 €), la maille (gilet 188-425 €), mais aussi pantalons, jupes et robes. La bonne nouvelle ? La marque a un outlet à deux pas : 1, rue du Bât-d'Argent, G8, ☎ 04 72 10 91 22, mar.-sam. 10h-13h et 14h-19h).
52, rue du Président-Édouard-Herriot (G8) • M° Cordeliers • ☎ 04 78 38 79 97 • www.hotel-particulier.eu • Lun.-sam. 10h-19h.

46 THE ROYAL RACER
Mode homme

Rassurez-vous : si le squelette sur la moto fait partie des murs, on ne l'a pas trouvé derrière une cloison ! Ce *Gentlemen Motorsports Club* évoque l'univers des sports mécaniques avec des vestes Belstaff (550 €), Barbour (280 €) et Deus Ex Machina, des chaussures Red Wing (220 €), des livres, des casques et des photos originales... La boutique organise aussi des rallyes de voiture et de moto.
48, rue Mercière (G8) • M° Cordeliers • ☎ 04 78 37 18 57 • www.theroyalracer.com • Mar.-sam. 11h-20h.

47 WHISKY LODGE
Whisky

Dans ce temple des spiritueux tenu depuis 1968 par une famille de passionnés, on se laisse séduire parmi plus de 1500 références, dont des whiskys allant jusqu'à 40 ans d'âge, tout en apprenant l'art de la dégustation de ces liquides précieux. Beau rayon de rhums et gins.
7, rue Ferrandière (G8) • M° Cordeliers • ☎ 04 78 42 48 22 • Mar.-sam. 10h-19h.

48 RESPIRO
Design

Deux amis architectes ont décidé de rendre hommage aux artisans méditerranéens et ont créé au cœur de Lyon une boutique que l'on visite comme une maison de vacances : murs blancs, mobilier de famille relooké, volets en bois. On craque pour les créations en céramique, les collections de planches en bois et les gourmandises rapportées du Portugal ou d'Italie.
39, rue Paul-Chenavard (G7) • M° Cordeliers • ☎ 04 26 00 51 01 • Mar.-sam. 11h-19h30.

Respiro

㊾ UP BY UPPER SHOES
Outlet

La première partie de cette jolie boutique est consacrée au textile et aux nouvelles collections. Au fond, place aux fins de série de la marque de luxe Upper Shoes. On y trouve des souliers n.d.c., Church's ou Santoni, et d'anciennes collections avec 30 à 50 % de réduction.

4, quai de la Pêcherie (G7) • M° Hôtel-de-Ville • ☎ 04 78 58 39 33 • www.upper-shoes.com • Lun. 14h-19h, mar.-sam. 10h30-19h, dim. 10h30-13h30.

㊿ VOISIN
Chocolats

Chocolatier et torréfacteur, la réputation de la maison Voisin, fondée en 1897, n'est vraiment plus à faire ! Voisin propose une collection de plus de 50 chocolats fins et des spécialités : le coussin de Lyon (5,60 €/100 g), la quenelle de Lyon, le sarment du Beaujolais et la papillote lyonnaise.

28, rue de la République (H8) • M° Cordeliers • ☎ 04 78 42 46 24 • www.chocolat-voisin.com • Lun. 11h-19h, mar.-sam. 9h-19h30.

51 MORETEAU
Mode homme

Créée en 1872, cette enseigne de chemisier habilleur a gardé la tradition de la « grande mesure » et de la « demi-mesure ». La mode, classique, reste sur le fil de l'élégance avec ses vestes en tweed et ses manteaux Mozart fabriqués à Salzbourg... Elle se décline aussi dans les costumes deux pièces d'Hugo Boss (695 €) ou de Canali (1 500 €). Preuve de qualité, certains sont fidèles à la maison depuis près de quarante-cinq ans.

15, rue du Président-Édouard-Herriot (G7) • M° Hôtel-de-Ville • ☎ 04 78 29 32 32 • www.moreteau.com • Lun.-sam. 9h30-19h.

52 LES CURIEUX
Mode homme

Les Curieux habille l'homme des pieds à la... barbe dans une démarche écocitoyenne. Côté mode, les marques se déclinent en matières bio ou recyclées : Tudo Bom, baskets Veja, Misericordia... Côté barbier (10 € la moustache) et coiffeur (20 € la coupe), seuls des produits naturels sont utilisés. Bonne nouvelle, cette partie-là est aussi ouverte aux femmes. Vive les « consomm'acteurs » !

18, rue du Palais-Grillet (H8) • M° Cordeliers • ☎ 09 54 69 24 10 • www.origeen.fr • Lun.-sam. 9h30-19h30.

53 CHAPELLERIE CARTIER
Chapeaux

Depuis plus de cent trente ans, cette maison coiffe les têtes de ses panamas en paille (65 €-400 €), bérets (15 €), canotiers (35-120 €), casquettes Stetson (50-100 €)... À noter, les vendeuses ont une patience

royale devant les hésitations des clients. Bref, elles ne sont pas du genre à faire la tête et elles savent embellir la nôtre.
44, pass. de l'Argue (G8) • M° Cordeliers ou Bellecour • ☎ 04 78 37 37 11 • Lun. 14h-19h30, mar.-sam. 10h-19h.

54 SOPHIE GUYOT
Soie

L'atelier-boutique de Sophie Guyot en impose par ses volumes généreux. La démarche de cette créatrice d'objets textiles se rapproche de celle d'une artiste. Elle travaille l'impression au cadre sur table et la teinture à motifs réservés. Foulards en soie plissés, ceintures ou robes en mousseline de soie, tout est d'une folle élégance.
8, rue Saint-Polycarpe (G7) • M° Hôtel-de-Ville • ☎ 04 72 07 79 60 • www.sophieguyot.com • Lun.-ven. 10h-19h et sam. sur r.-v.

55 LIBERTIE
Mode femme

Attention, bon plan ! Dans cette jolie boutique, on trouve une mode facile à porter à tout petit prix (35 € le gilet, 20 € le top). L'accueil y est adorable et on repart toujours avec un petit coup de cœur. La bonne adresse si on a oublié sa petite robe noire pour aller au resto.
20, rue Ferrandière (H8) • M° Cordeliers • ☎ 04 78 59 42 60 • www.boutiquelibertie.com • Lun. 14h-19h, mar.-sam. 10h-19h.

56 GRAPHITI
Mode homme

Chez Graphiti, l'homme saura trouver son allure selon ses goûts. Les costumes classiques (Zegna,

Sophie G

Corneliani, Van Laack...) marchent de pair avec les chaussures siglées Santoni, Church's, Tod's... Dans une autre ambiance, place aux créateurs : Rick Owens, Maison Martin Margiela, Prada... et à la ligne sportswear avec Ralph Lauren et Hackett.

32, rue du Président-Édouard-Herriot ou 8, rue du Plâtre (G7) • M° Hôtel-de-Ville • ☎ 04 78 39 42 94 • www.graphiti.fr • Lun.-sam. 10h-19h30.

57 LEONARD
Vintage

Outre ses vestes bariolées à la mode des années 1980, ses robettes fifties et ses lunettes vintage, Leonard se démarque pour son incroyable rayon de chaussures rétro. Un bonheur pour les souliers de vair (neufs) qui auront patienté trente, voire cinquante ans dans leur boîte avant de trouver le bon pied. On ne pourra que s'amuser de comparer sa paire de Spring Court 2017 à celle des années 1990.

19, rue Hippolyte-Flandrin (G7) • M° Hôtel-de-Ville • ☎ 04 78 69 32 11 • Lun.-sam. 10h30-19h30.

58 SHOEZ GALLERY
Baskets Piola

Imaginées à Lyon, les baskets Piola conjuguent mode, commerce équitable et projet social au Pérou en partenariat avec l'ONU. Sous les semelles, quatre copains à peine trentenaires aident les producteurs de caoutchouc en payant la matière première cinq fois

Shoez Gallery

plus cher que le prix du marché. Quant à la toile, elle est faite en coton tangüis décliné en un arc-en-ciel de couleurs (www.piola.fr).

15 bis, rue d'Algérie (G7) • M° Hôtel-de-Ville • ☎ 04 78 28 33 78 • www.dope-shoez-gallery.com • Lun. 13h30-19h30, mar.-sam. 10h30-19h30.

59 SÈVE
Chocolats

Voici une maison spécialiste du chocolat depuis 1905. Elle excelle aussi dans la véritable tarte à la praline, les macarons sucrés (14,40 € les 12) ou salés, les marrons glacés et sa spécialité, la fameuse Pierre des Monts d'or (9 €/100 g), une feuilletine pralinée à l'ancienne avec une meringue royale tout en légèreté.

29, quai Saint-Antoine (G8) • M° Cordeliers • ☎ 04 78 37 67 81 • www.chocolatseve.com

• Mar.-ven. 9h30-19h30, sam. 9h-19h30, dim. 9h-18h30.

60 VIOLETTE & BERLINGOT
Confiseries

Violette & Berlingot, c'est *Charlie et la Chocolaterie* en version confiserie. On retombe forcément en enfance devant les sucettes parapluie en chocolat (2 €), les souris au caramel (6,75 € les 250 g), les berlingots de Carpentras (6,75 € les 250 g) ou encore la pâte à tartiner Dandoy (8 €), la fameuse maison bruxelloise. Et au diable les kilos !

Violette & Berlingot

52, pass. de l'Argue (H8) • M° Cordeliers ou Bellecour • ☎ 04 72 40 97 49 • www.violette-berlingot.com • Lun. 14h-19h, mar.-sam. 10h-19h.

61 CARRIE BRADSHOP
Vintage

Fans de mode et de Carrie Bradshaw dans *Sex and the City*, Patrick-Pierre et Yvo ont tout naturellement donné à leur boutique vintage le nom de leur personnage préféré. Yvo, journaliste de mode, propose des assemblages de tenues inventives et élégantes. Il n'hésite pas à mélanger les époques, à faire ressortir une pièce, à en montrer une autre qui nous aurait échappé. Et, toujours, de bons conseils (pochettes 20-40 €).

17, rue Romarin (G-H7) • M° Hôtel-de-Ville • ☎ 09 51 83 93 80 • www.carriebradshop.com • Mar.-sam. 13h-19h30.

62 CELLERIER LA MINAUDIÈRE
Confiseries

Chez ce traiteur salé et sucré, le chef pâtissier a plus d'un tour dans son sac pour donner de la couleur et de l'originalité à ses friandises... Avec lui, la pâte d'amandes se teinte du vert de la Chartreuse. Et que dire des pâtes de fruits fondantes au safran, à la cannelle, aux épices douces, à la tomate verte, au potiron ou à la framboise (45 €/kg) présentées en camaïeux colorés ?

5, rue de Brest (G8) • M° Cordeliers • ☎ 04 78 37 67 26 • www.cellerier-hallesdelyon.com • Lun.-sam. 9h-20h, dim. 9h-18h.

63 MINIATURES
Jouets anciens

Des Porsche aux Ferrari, en passant par la traction de grand-père et la 2CV de grand-mère, il est possible de repartir avec son modèle réduit (15-50 €). À l'étage, la librairie mécanique côtoie les jouets anciens dont les Dinky Toys, les voitures des Trente Glorieuses. Il y a même une pompe à essence vintage et des bornes kilométriques !

6, rue de l'Ancienne-Préfecture (G8) • M° Bellecour • ☎ 04 78 42 40 11 • www.miniatures-lyon.com • Lun. 14h-19h, mar.-sam. 9h30-12h30 et 14h-19h.

64 CÔTÉ MAISON
Décoration

Côté Maison s'est d'abord posé à Lyon en 1995, avant de se multiplier en France. Dans cette gigantesque boutique de déco décalée, vous trouverez de quoi innover, de l'art de la table à la salle de bains en passant par la chambre. La liste semble interminable : cabas (8 €), cintre à cravate en cèdre Perigot (36 €), collier revolver 007 en acrylique et Swarovski (60 €)... Il y a de tout !

5, pl. Saint-Nizier (G8) • M° Cordeliers • ☎ 04 72 56 00 55 • www.cotemaison.com • Lun. 10h-13h et 14h-19h, mar.-sam. 10h-19h.

65 MADAME DES FEUILLANTS
Bijoux

Univers 1900 pour cette boutique de bijoux singulière. Madame des Feuillants compose des pièces uniques et romantiques à partir d'objets chinés. Sous ses mains habiles, la passementerie s'offre une seconde vie et les boutons anciens se transforment en joyeux sautoirs. Les plus inspirés piochent quartz, jais ou chapelet dans les boîtes à trésor. La créatrice se charge ensuite de les assembler (45 €).

23, rue Romarin (G7) • M° Hôtel-de-Ville • ☎ 06 23 01 08 74 • www.madamedesfeuillants.com • Mar.-ven. 13h-19h, sam. 10h-19h30.

Les pentes de la Croix-Rousse (Quartier 7 - p. 64)

66 ARCHICHOUETTE
Jeux de société

Il n'y a pas d'âge pour s'amuser, comme en témoigne ce magasin de jeux de société. Tout ici sublime l'art du jeu, stratégique, ludique, éducatif, en solo ou en groupe. Parmi la myriade de titres, il y a Hop la bille (19,99 €) pour les petits, imaginé par la société lyonnaise Opla. Les vrais joueurs se retrouvent une

Pozio Petit Pois

fois par semaine, le soir, autour d'un jeu. Chouette, non ?
3, pl. du Griffon (H7) • M° Hôtel-de-Ville • ☎ 04 72 27 84 51 • www.archi-chouette.fr • Lun.-sam. 10h-19h30.

67 POZIO PETIT POIS
Enfants

Dans cette boutique-atelier, une nuée d'oiseaux en tissu (18 €), posée sur des branches, salue gaiement le visiteur. Les couleurs, toniques et joyeuses, se déclinent sur des bavoirs plastifiés (15 €), des doudous attache-tétine (10 €), des gigoteuses... Mais le clou, c'est le sac Koasac (45 €) qui vient s'enfiler sur les bras de la poussette-canne. Génial !
59, montée de la Grande-Côte (B2) • M° Croix-Paquet • ☎ 04 78 29 55 54 • www.pozio.fr • Lun. 15h-19h, mar.-mer. et ven. 10h-12h30 et 14h-19h, jeu. 10h-12h et 14h-19h, sam. 10h-19h.

68 TWIG 7
Design

Emmanuel Bojon et Stéphane Jambon, les deux associés, fonctionnent au coup de cœur vintage. Dans leur boutique, le design se décline en meubles, luminaires, objets et céramiques balayant les années 1950-1980. La plupart de leurs trouvailles sont signées par les plus grands : Arne Jacobsen, Eero Saarinen, Charles Eames, Cees Braakman... Très influencées par le style scandinave, toutes leurs pièces sont originales. Mais ils laissent aussi la place à des designers moins connus.
124, montée de la Grande-Côte (G7) • M° Hôtel-de-Ville • ☎ 06 87 86 30 97 ou ☎ 06 87 80 30 54 • www.twig7.fr • Lun.-ven. 13h-19h, sam. 11h-19h.

69 LAFABRIQ
Accessoires

Cette boutique-atelier, sorte de Club des 5 de la création, incarne à merveille l'esprit des pentes de la Croix-Rousse. On y rencontre les créatrices qui dessinent et fabriquent, chacune selon son style, l'une des broches aux dessins enfantins en feutrine et coton (10 €), l'autre des pochettes en bulgomme (40 €), une autre des bijoux en argent, en laiton ou en tricot (entre 25 et 100 €)... Les idées ne manquent pas à LafabriQ, mais attention, ce n'est pas l'usine ici : vérifiez bien les horaires avant de vous y rendre.

106, montée de la Grande-Côte (G7) • M° Hôtel-de-Ville • ☎ 04 26 02 07 77 • www.lafabriq.fr • Lun.-ven. 11h-19h, sam. 14h-19h.

⑦⓪ LE DADASHOP
Concept store

Ines Dayet (d'où « Dada ») a lancé ce nouveau concept store qui propose une sélection d'objets design de marques pointues, comme Meraki, et une très belle collection de cactées au fond de la boutique. Une adresse parfaite pour la session shopping.

13, rue du Griffon (H7) • M° Hôtel-de-Ville • ☎ 04 27 11 25 02 • Mar.-sam. 10h-19h30.

⑦① AMANDINE LEFORESTIER
Mode femme

Le confort, c'est le credo de cette jeune créatrice, lauréate du prix Talents de mode 2013, qui dessine une mode de prêt-à-porter raffinée et hors des tendances. Ses matières douces (dont le coton et la maille) aux teintes sobres deviennent des enveloppes corporelles, des cocons qui n'entravent aucun mouvement. Essayer ses sweat-shirts et ses robes (50-140 €), c'est les adopter !

Pass. Thiaffait, 19, rue René-Leynaud (C2) • M° Croix-Paquet • www.amandineleforestier.fr • Mar.-jeu. 14h-19h, ven.-sam. 11h-19h.

⑦② MARRON ROUGE
Maroquinerie

Portefeuille en chambre à air (45 €), sacs et poufs en ceinture de sécurité (59-109 €), boîtes et plats en papier journal... Tout ici s'offre une nouvelle

Le Village des Créateurs

Depuis 2001, le Village des Créateurs soutient de jeunes créateurs dans les domaines de la mode, des accessoires, du design et de la décoration. Le Village leur propose des aides parmi lesquelles des boutiques-ateliers au loyer modéré, une promotion presse et une mise en réseau avec les professionnels. Situées passage Thiaffait, ces boutiques-ateliers, aux horaires chaotiques, sont ouvertes au grand public et permettent de rencontrer directement les créateurs. Mais la grande révolution côté shopping, c'est l'ouverture du concept store VDC|B aux horaires plus rigoureux (p. 172). Par ailleurs, le Village des Créateurs organise de nombreuses animations et des défilés, mais aussi le concours Talents de mode.

⑦③ Passage Thiaffait, 19 rue René Leynaud (C2) • ☎ 04 78 27 37 21 • www.villagedescreateurs.com

VDC|B

vie réussie grâce au recyclage. Cette idée sympathique s'accompagne d'une démarche équitable : Marron Rouge collabore avec des ONG et des associations en Inde pour réaliser des objets pratiques.
19, rue Royale (C2) • M° Croix-Paquet • ☎ 04 82 53 09 78 • www.marronrouge.com • Lun.-ven. 9h-13h et 14h-18h, sam. sur r.-v.

74 L'ÉPICERIE POP
Chocolats

Sur cette charmante placette, sous les lampes de couleurs, l'Épicerie Pop propose une sélection de douceurs gustatives dont les coussins et chocolats Voisin, des chocolats Guignol, de L'Ambroisine (10,90 €/9 pièces) ou encore des pots lyonnais (13,90 €). Mais Pop, c'est aussi un salon de thé proposant des formules petit déjeuner (6,50 €) et goûter (6 €).
5, pl. Fernand-Rey (G7) • M° Hôtel-de-Ville • ☎ 09 52 23 53 42 • www.epiceriepop.com • Mar. 16h-23h, mer.-sam. 10h-23h, dim. 10h-19h.

75 VDC|B
Concept store

Ce concept store met en avant les créations de designers lyonnais soutenus par le Village des Créateurs (p. 171). Dans cette boutique pleine de dynamisme, aux jeux de poutres et d'échelles fluorescentes, on s'arrête sur le prêt-à-porter, les accessoires, les objets de décoration et l'univers enfant… Impossible de repartir les mains vides !
Pass. Thiaffait, Village des Créateurs, 19, rue René-Leynaud (C2) • M° Croix-Paquet • ☎ 04 69 84 50 08 • www.villagedescreateurs.com • Mer.-sam. 13h-19h.

Le plateau de la Croix-Rousse (Quartier 8 - p. 70)

76 CHAPOTIS
Chapeaux

Avec les chapeaux de Véronique Bahuaud, le port de tête prend aussitôt une allure altière. Cette créatrice façonne des chapeaux où se mêlent originalité, légèreté et couleur. La paille, la plume, le feutre et bien d'autres matières se transforment sous ses doigts en chapeaux de mariage

(100 € en moyenne) ou en bonnets d'hiver (20-120 €). Elle réalise elle-même ses teintures et imagine mille petits accessoires à assortir à votre tenue comme des bijoux de cheveux, des broches, des sacs... Elle crée des modèles pour Agnès b. et Hôtel Particulier (p. 163).

4, rue Duviard (B2) • M° Croix-Rousse • ☎ 04 78 28 0179 ou ☎ 06 72 14 11 15 • www.atelierchapotis.com • Mar.-sam. 10h-19h.

⑦⑦ L'INSTANT POÉTIQUE
Décoration

Dans sa boutique, Marie-Cécile Viala décline la poésie du bonheur. Ses objets subliment le quotidien des petites filles et de leurs mères qui viennent y piocher un brin de romantisme et de nostalgie. On y trouve pêle-mêle des torchons à l'inscription « Saperlipopette » (22 €), des suspensions en origami (76 à 149 €), des broches en cannetille brodées à la main en forme d'ananas (40 €), une jolie veilleuse en forme de cornet de glace (10,90 €)... Sans oublier des bijoux, de la papeterie et des sacs...

129, bd de la Croix-Rousse (B2) • M° Croix-Rousse • ☎ 04 78 98 66 45 • www.instantpoetique.com • Mar. et sam. 10h-13h et 14h30-19h, mer.-ven. 10h-13h et 15h-19h.

⑦⑧ BOUILLET
Pâtisseries

Sébastien Bouillet souffle un vent de nouveauté sur les pâtisseries et le chocolat : ses créations, proches de l'extase gustative, sont autant un régal pour les yeux que pour le goût : baba au rhum à déguster dans un verre (5,20 €), grignotines assorties (10,80 €), bâtons de rouge à lèvres à croquer (6,80 € en 12 parfums), tablettes de chocolat pétillant (5,80 €)... Dans sa boutique Goûter, juste à côté, la cloche sonne à chaque fournée. On craque pour le cake au mètre absolument addictif et les madeleines de Lou créées par le chef pour sa fille.

15, pl. de la Croix-Rousse (C2) • M° Croix-Rousse • ☎ 04 78 28 90 89 • www.chocolatier-bouillet.com • Lun. 9h30-13h et 14h-19h, mar.-ven. 9h-19h30, sam. 8h30-19h30, dim. 8h30-13h.

⑦⑨ LA FABRIQUE DE THÉ
Thés

Sur ce « mur des saveurs » aux lignes simples et graphiques, près de 250 thés s'alignent en « libre olfaction » dans leurs jolies boîtes rouges. Reniflez bien et prenez votre bol d'air des quatre coins du monde. Les grandes familles de thé (blanc, noir, bleu, vert, jaune ou rouge) vous enivreront très vite. Si cette boisson n'est pas encore votre tasse de thé, elle le deviendra peut-être sur les (très bons) conseils de la maison. Quant aux amateurs, ils pourront déguster de grands crus (de 2,80 à 80 € les 100 g ; dégustation le samedi).

5, rue d'Ivry (C2) • M° Croix-Rousse • ☎ 09 51 86 39 94 • http://lafabriquedethe.blogspot.fr • Mar. et jeu.-ven. 10h-13h30 et 14h30-19h.

80 L'ATELIER DES ROUGES
Bar à ongles

Ce bar à ongles en fait voir de toutes les couleurs aux mains (et aux pieds) avec des produits naturels et 100 % éthiques : pose de vernis (10 €), manucure « nude » (18 €) ou « Brasil » (30 €)... Et pour être belle jusqu'au bout des ongles, faites donc un crochet par le rayon lingerie made in France. Vous craquerez, c'est certain.

11, rue d'Austerlitz (C2) • M° Croix-Rousse • ☎ 04 78 29 52 60 • www.latelierdesrouges.com • Lun. 14h-19h, mer.-jeu. et sam. 10h-19h, ven. 10h-20h, dim. 10h-12h30 (sur r.-v. uniquement).

L'Atelier des Rouges

81 CÉRAMIQUES LAURENCE FONTAINE
Céramiques

Pour ses créations, la céramiste Laurence Fontaine travaille la terre sur un tour classique et à la plaque avec ses propres moules. Elle marie le grès noir et blanc dans des lignes minimalistes et pures qui ne sont pas, parfois, à l'abri d'irrégularités laissées par la main. C'est d'ailleurs ce qui fait l'originalité de ses productions utilitaires en petites séries : assiettes, bols (14 €), tasses (12 €), mugs, vases (50 €)...

12, rue du Chariot-d'Or (C2) • M° Croix-Rousse • ☎ 06 79 19 66 88 • www.laurencefontaine-ceramique.fr • Ven. 10h-12h et 14h-19h et sur r.-v.

82 ELSA SOMANO OBJETS LUMINEUX
Luminaires

Elsa Somano réalise des luminaires en aluminium brossé ou laqué perforés de noms de villes, de mots ou de poèmes personnalisables (entre 65 et 270 €).

5, pl. Bertone (C2) • M° Croix-Rousse • ☎ 06 19 48 65 93 • www.elsa-somano.com • Lun.-mar. et jeu.-sam. 9h30-19h.

83 ENTRÉE EN MATIÈRES
Accessoires

Dans cette boutique décorée de meubles chinés, il y en a pour tous les âges : du bavoir taillé dans une carte du monde (14 €) aux affiches

Les marchés alimentaires

• Marché Saint-Antoine
(84) Quai Saint-Antoine et quai des Célestins (G8) • M° Cordeliers • Mar.-jeu. 6h-13h, ven.-dim. 6h-13h30.

• Marché fermier
(85) Pl. Carnot (B4) - M° Perrache • Dim. 6h-13h30.

• Marché Croix-Rousse
(86) Bd de la Croix-Rousse (B2) • M° Croix-Rousse • Mar.-dim. 6h-13h (13h30 les mar. et ven.-dim.).

personnalisées de l'illustratrice lyonnaise Ici La Terre (21 €) en passant par des porte-monnaie en cuir de taurillon de Carré Royal (39 €)... Sans compter les bijoux, les sacs et la papeterie. Difficile de repartir les mains vides !
5, rue du Chariot-d'Or (C2) • M° Croix-Rousse • ☎ 04 78 28 96 30 • www.entreeenmatieres.com • Mar.-sam. 10h-19h.

(87) LA MAISON DES CANUTS
Soie

Petite vitrine de la création textile dans la région Rhône-Alpes, la maison des Canuts (p. 72) offre un choix de matières de toute première qualité. Ce sont des écharpes (20 à 120 €), des foulards, des cravates, mais aussi de beaux coupons de tissus réalisés par des fabricants lyonnais. Sans oublier des livres sur l'histoire des canuts et de la soie.
10, rue d'Ivry (C2) • M° Croix-Rousse • ☎ 04 78 28 62 04 • www.maisondescanuts.fr • Lun.-sam. 10h-18h30.

(88) NOUVEAU/DAVID SPANU
Décoration

David Spanu est un original : il détourne des objets chinés et leur offre une nouvelle vie. Jugez plutôt : un christ en croix transformé en applique ; d'anciennes boîtes à biscuits transformées en horloges ; des cuillères et des fourchettes assemblées en lustre... Ici, la seule chose raisonnable, ce sont les prix !
8, rue Dumont-d'Urville (C2) • M° Croix-Rousse • ☎ 06 80 16 64 65 • www.davidspanu.com • Mar.-sam. 11h-19h ; f. août et j. f.

(89) SOIERIE VIVANTE
Soie

Outre les visites de cet atelier-appartement niché dans un immeuble de canuts (mar.-sam. à 14h et 16h), la boutique distribue plusieurs marques, dont Malfroy-Million (soyeux depuis plus de trois générations), Au Ver à Soie (producteur de fil

de soie), Anne Lyon (peinture sur soie)... Et aussi des livres, des navettes et des bobines !
Atelier municipal de passementerie, 21, rue Richan (C1) • M° Croix-Rousse • ☎ 04 78 27 17 13 • www.soierie-vivante.asso.fr • Mar. 14h-18h30, mer.-sam. 9h-12h et 14h-18h30.

Autour du parc de la Tête d'or (Quartier 9 - p. 76)

90 CITÉ DES ANTIQUAIRES
Antiquités

Hélas ! Il flotte un petit air de « la fête est finie » dans les allées de cette cité où ne subsiste qu'une cinquantaine d'antiquaires (contre 130 à la grande époque). Mais les stands restent toujours aussi riches et l'on peut dénicher aussi bien de jolies tasses années 1930 qu'une commode XVIIIe s. ou des miroirs anciens...
117, bd de la Bataille-de-Stalingrad, Villeurbanne (D2) • ☎ 04 72 69 00 00 • www.cite-antiquaires.fr • Jeu. et sam.-dim. 10h-19h, ven. sur r.-v.

Cité des antiquaires

Autour de la Guillotière et de la Part-Dieu (Quartier 10 - p. 80)

91 BARALINGE
Linge de maison

Martin Delorme représente la quatrième génération d'une famille spécialiste du linge de maison. Il a créé sa marque, Baralinge, où les tonalités fanées et délicates de ses draps en lin (housse de couette 139,90 €) sont une invitation au rêve. Le linge de maison se décline aussi pour la table et la salle de bains. Et pour prendre le temps de faire votre choix, prenez donc un café au bar ou un thé au samovar.

92, rue Vendôme (C2) • M° Foch • ☎ 09 80 73 18 67 • www.baralinge.com • Lun. 14h-19h, mar.-ven. 10h-19h, sam. 10h-13h et 14h-19h.

92 VIEUX-CAMPEUR
Sport

Ce n'est pas une boutique mais dix ! Un vrai village, composé de plusieurs adresses, où l'on trouve... presque tout pour les activités en plein air : du matériel pour l'alpinisme, des chaussures de randonnée, des sacs de couchage, du matériel de camping, du matériel de plongée, des porte-bébés, des vêtements contre la pluie, des jumelles et des topo-guides...

38, 43, 57, 62/64, 65, 70, 72, cours de la Liberté et 3/7, rue Mortier (C4) • M° Guillotière • ☎ 04 78 60 81 00 • www.auvieuxcampeur.fr • Lun. 11h-19h, mar.-ven. 11h-19h30, sam. 10h-19h.

93 L'INDIFFÉRENT
Antiquités

Béatrice Wallerand est sur la place depuis quinze ans avec son magasin d'antiquités et de brocante qui laisse tout sauf... indifférent. Pour cause : elle a l'œil pour dénicher des petits trésors et bibelots du XVIIe au XXe s., des bougeoirs (60-100 €), des peintures (350 €) ou encore des porte-couteaux en forme d'animaux (100 € les 8).

17, pl. Maréchal-Lyautey (C2) • M° Foch • ☎ 04 78 24 08 39 • T. l. j. 14h-19h.

94 LES ENFANTS RÊVEURS
Bébés

Dans cette boutique dédiée au bébé et à la naissance, on retrouve une sélection de marques plutôt haut de gamme mises en scène avec beaucoup de goût. Ferm Living, Crème Anglais, Eva & Oli ou encore Aden + Anaïs. L'adresse incontournable à Lyon pour un cadeau de naissance chic à partir de 15 €.

5, pl. Maréchal-Lyautey (C2) • M° Foch • ☎ 09 86 24 16 11 • www.les-enfants-reveurs.com • Mar.-ven. 10h-13h et 14h-19h, sam. 10h-19h.

95 OH MY SHOES ! BY POPPET
Chaussures enfant

Cette minuscule boutique propose de trouver chaussure à son pied et de marier les chaussures des enfants à celles de leur mère (pointures du 28 au 40). Ballerines (145 €), bottines, bottes et baskets sont signées Nimal, Gallucci, Philippe Model et autres. Pour compléter, quelques sacs et bijoux Craie, des collants et chaussettes... Sinon, il suffit de traverser la rue : Poppet, au nº 2, habille les 4 à 16 ans.

1, rue de Sèze (C2) • Mº Foch • ☎ 09 51 30 81 03 • Lun. 14h-19h, mar.-sam. 10h-19h.

96 BLUSH INTIMATE
Cadeaux

Si le père Noël devait faire une seule tournée pour ses cadeaux, il se fournirait dans ces boutiques. Ici des suspensions en plumes (99-399 €) éclairent des porte-monnaie pailletés (3,90 €), des étuis à lentilles en forme de hibou (3,90 €) ou encore un casque audio Marshall. Des bijoux de petits créateurs à la papeterie, il y en a pour toute la famille. Côté *gones*, on craque pour les coloriages créatifs d'OMY studio, les *light box* signées A Little Lovely Company (30 €) et les guirlandes My Little Day (15 €).

4 et 7, rue de Sèze (C2) • Mº Foch • ☎ 04 78 52 85 40 et ☎ 04 72 15 03 81 • www.blush-intimate.com, www.blush-generalstore.com • Lun. 14h-19h, mar.-sam. 10h-19h.

Blush Intimate

97 SIBILIA
Charcuterie

Colette Sibilia a vendu la charcuterie familiale fondée en 1922, mais elle est toujours en boutique et, avec elle, sa fille et sa petite-fille. Tous les produits du terroir semblent être réunis ici : saucissons (jésus de Lyon, 24 €), andouillettes des gones (19 €/kg), salades lyonnaises (museau, pieds de veau, gras-double...) et bien sûr les fameuses quenelles !

Les Halles de Lyon-Paul Bocuse, 102, cours Lafayette (D3) • Mº Place-Guichard, puis tram 1, arrêt Mairie-du-3e • ☎ 04 78 62 36 28 • www.charcuterie-sibilia.com • Mar.-mer. 8h-13h et 15h-19h, jeu.-sam. 8h-19h, dim. et j. f. 8h-13h.

98 LA MÈRE RICHARD
Fromages

C'est une institution à Lyon... et dans la France entière ! C'est ici qu'il faut acheter son saint-

La Mère Richard

marcellin : Paul Bocuse lui-même compte parmi les fidèles. Les meilleurs producteurs ont été sélectionnés et les fromages sont affinés par la maison pour qu'ils soient faits à cœur. Mais la Mère Richard est aussi connue pour ses vacherins, le beaufort d'été, le saint-nectaire fermier et les époisses affinés au marc de Bourgogne...
Les Halles de Lyon-Paul Bocuse, 102, cours Lafayette (D3) • M° Place-Guichard, puis tram 1, arrêt Mairie-du-3e • ☎ 04 78 62 30 78 • Mar. et jeu. 7h-12h30 et 15h-19h, mer. 7h-12h30, ven.-sam. 7h-19h, dim. et j. f. 7h-13h.

99 BAHADOURIAN
Épices et produits du monde

Depuis 1929, la famille d'Armand Bahadourian se passionne pour le commerce des épices et des produits venus du monde entier. Paprika, curcuma, cannelle moulue se mêlent aux fruits séchés, olives et légumes secs. Au total, plus de 11 000 produits sont présentés dans cette boutique-labyrinthe, véritable caverne d'Ali Baba.
Une autre boutique est installée aux Halles de Lyon-Paul Bocuse (D3, ☎ 04 72 84 86 86 ; mar.-jeu. 9h-19h, ven.-sam. 8h30-19h, dim. et j. f. 8h-13h) avec un petit restaurant à proximité, Inch'Ka.
20, rue Villeroy (C4) • M° Guillotière • ☎ 04 78 60 32 10 • www.bahadourian.com • Lun.-sam. 7h30-19h30.

100 TOURTILLER
Pâtisseries

Chez Tourtiller, on vient chercher des dragées (6 € les 100 g) pour des baptêmes, des chocolats pour Pâques ou Noël, et le dimanche, on y fait la queue pour acheter la spécialité de la maison : le saint-pothin (21,60 €/4 pers.), une magnifique pâtisserie qui cache une délicieuse nougatine sous une meringue souple à la crème d'amande.
4, cours Franklin-Roosevelt (C2) • M° Masséna • ☎ 04 78 52 20 69 • www.tourtiller.com • Mar.-sam. 8h-19h30, dim. 8h-17h30.

101 RICHART
Chocolats

Le chocolat de ce créateur lyonnais éveille nos sens : lisse et illustré d'une sérigraphie pour

la vue, des arômes subtils pour l'odorat, un petit carré amusant pour le toucher, une touche craquante pour l'ouïe. On joue ici au jeu des 7 familles des saveurs avec les grillés, les balsamiques, les fruités, les hespéridés, les herbacés, les floraux et les épicés. Comptez 12,90 € la petite boîte de 16 chocolats, 37 € celle de 49.

35, cours Franklin-Roosevelt (D2) • Mc Foch ou Masséna • ☎ 04 78 89 00 21 • www.chocolats-richart.com • Lun.-sam. 10h-12h30 et 13h-19h.

102 DÉLICES DES SENS
Macarons

Le dimanche matin, difficile de se frayer un passage jusqu'à la vitrine des macarons ; mais avec un peu de patience, on finit par goûter les moelleux osés au goût barbe à papa, spéculoos, huile d'olive ou framboise, qui se cachent sous des carapaces aux couleurs pétillantes (coffret de 16 macarons 19,50 €). Et on peut ensuite succomber aux chocolats (coffret de 16 chocolats 11,30 €). La maison dispose aussi de deux adresses dans le 6e (62, cours Vitton et 12, bd des Brotteaux).

Les Halles de Lyon-Paul Bocuse, 102, cours Lafayette (D3) • M° Place-Guichard, puis tram 1, arrêt Mairie-du-3e • ☎ 04 72 60 81 71 • www.delicesdessens.com • Mar.-sam. 8h-19h15, dim. et j. f. 8h-13h.

Monplaisir (Quartier 11 - p. 86)

103 GRANDE DROGUERIE LYONNAISE
Droguerie

Dans cette caverne d'Ali Baba, vous trouverez forcément ce que vous êtes venu chercher ! Un cadeau de dernière minute, un détachant révolutionnaire, des lacets grand format... L'adresse qui dépanne forcément, accueil charmant en prime.

11, rue Antoine-Lumière (E5) • M° Monplaisir • ☎ 04 78 74 77 20 • Lun.-sam. 8h30-19h.

Villeurbanne (Quartier 12 - p. 94)

104 LA ROUTE DES ARÔMES
Cafés et thés

Établi depuis 1933 à Lyon, Au Nègre, renommé La Route des Arômes par son nouveau propriétaire, propose de grands crus de café torréfié de façon artisanale, en grains ou moulu sur place. On y trouve aussi de nombreux thés (vert, noir, oolong, détox...), des théières en Inox de style Art déco (58 €) et des cafetières italiennes (97-110 €).

22, av. Henri-Barbusse (plan p. 94) • ☎ 04 78 68 06 73 • Lun. 14h-19h, mar.-sam. 9h-12h et 14h-19h.

105 EXPÉRIENCE BIS
Librairie BD

Cette librairie spécialiste de bande dessinée, est la petite sœur de l'Expérience à Lyon. Elle offre un vaste choix de titres, du célèbre Spirou à la BD alternative. Parmi les productions locales, on choisira *Le Linceul du vieux Monde* (15 €) de Christophe Girard, retraçant la révolte des Canuts. Quant à la famille Jouvray, elle est l'auteur, entre autres, de la série *Lincoln*, un western décalé et hilarant.

42, rue Michel-Servet (plan p. 94) • ☎ 04 78 03 56 92 • www.librairie-experience.com • Lun. 14h-19h, mar.-sam. 10h-19h.

106 LES PUCES DU CANAL
Antiquités

Les puces du Canal sont en pleine renaissance grâce à l'arrivée de nouveaux propriétaires motivés. Elles rassemblent près de 400 marchands à l'extérieur et à l'intérieur des hangars et des containers, qui en font le deuxième marché aux puces de France. Le dimanche, c'est ici qu'il faut être ! Et de bon matin si l'on veut faire de belles affaires.

1, rue du Canal, Villeurbanne (hors pl. par E1) • M° Laurent-Bonnevay-Astroballe puis bus 7, arrêt Le-Roulet • ☎ 04 72 04 65 65 • www.pucesducanal.com • Jeu. 7h-13h, sam.-dim. 8h-15h.

La soie, une histoire lyonnaise

Depuis la fin du XVe s., Lyon a toujours été une ville renommée pour la beauté et la qualité de ses soieries, souvent destinées à orner les demeures des rois et des grands de ce monde. Cette longue histoire de plus de quatre siècles, marquée par des périodes fastes et des temps de crise, se poursuit aujourd'hui grâce aux jeunes créateurs et aux nouvelles fibres.

LA NAISSANCE DE L'INDUSTRIE DE LA SOIE

Pour éviter « la grande vidange d'or et d'argent du royaume » par l'achat d'étoffes lors des foires annuelles, Louis XI décide de créer une industrie de la soie en 1466 à Lyon. Il accorde à la ville des privilèges pour la production des étoffes de soie ainsi qu'un droit à l'importation de 5 %. L'industrie lyonnaise ne se développe réellement qu'à partir de 1536, lorsque François Ier autorise un Piémontais installé à Lyon à tisser des draps d'or, d'argent et de soie. Quatre ans plus tard, une corporation voit le jour et un édit royal assure à la ville le monopole du marché de la soie. La soierie lyonnaise se développe alors de façon fulgurante. En 1621, on compte 1 698 maîtres et, en 1660, ils sont au nombre de 3 019 !

DES COMMANDES ROYALES ET IMPÉRIALES

Louis XIV fait appel aux soyeux lyonnais pour créer de somptueuses étoffes, des brocarts d'or et d'argent sur fond d'or, destinés à orner la chambre du roi au château de Versailles. Louis XV et Louis XVI lui emboîtent le pas, mais aussi toutes les cours d'Europe. On tisse pour Catherine II de Russie, pour les résidences royales espagnoles, pour le roi de Suède. La Révolution marque un coup d'arrêt, mais Napoléon Ier, pour relancer la production, accorde des crédits exceptionnels aux fabriques, et commande des soieries pour ses palais et pour les toilettes de Joséphine. Il aurait même refusé à sa sœur, Pauline, l'achat de châles en cachemire de Constantinople sous prétexte que les princesses se devaient d'encourager les manufactures nationales.

Parcours de la soie

Cette visite guidée vous entraînera dans les rues de la Croix-Rousse, sur les pas des canuts et dans leurs ateliers. Vous découvrirez les secrets de fabrication de la soie et assisterez à des démonstrations. En partant du mur des Canuts, vous irez visiter la maison des Canuts ou un atelier de soierie. Après la cour des Voraces, vous finirez par le magnifique musée des Tissus.

Résa à l'office de tourisme (p. 189).

L'ÉVOLUTION DU MÉTIER

Jusqu'au XVIIe s., les ateliers tissent des étoffes unies. Cela change sous Henri IV, quand on apprend, grâce aux travaux d'Olivier de Serres, à cultiver le ver à soie dans le sud-est de la France. Colbert, en 1667, réglemente la fabrication (largeur des étoffes et nombre de fils). Les métiers à tisser sont perfectionnés. Les plus belles avancées techniques sont celles de Jacques de Vaucanson, qui réalise en 1760 le métier automatique, et de Joseph Marie Jacquard, qui améliore en 1806 l'invention de Vaucanson. L'industrie, alors, ne cesse de se développer. En 1848, on compte 60 000 métiers à Lyon, 120 000 en 1877 ! Mais la concurrence étrangère est rude : Bâle, Zurich, la Prusse, la Russie sont de grands producteurs et le Royaume-Uni totalise à lui seul 100 000 métiers en 1840 !

LA RÉVOLTE DES CANUTS

Les ouvriers n'ont jamais cessé de revendiquer le droit de devenir des maîtres-ouvriers et de vendre leur production. En 1831, les canuts se lancent dans un mouvement de grève qui tourne à l'insurrection et est réprimé par l'intervention des troupes. En effet, malgré la prospérité, la misère des canuts est terrible et leurs conditions de travail sont pénibles, alternant des journées de 16h avec de longues périodes de chômage. C'est pourquoi ils réclament aux fabricants qui leur fournissent du travail un tarif minimal, mais en vain. C'est la révolte. Un second soulèvement a lieu trois ans plus tard.

LA SOIE AUJOURD'HUI

Si les soyeux lyonnais ont connu des heures de gloire jusque dans les années 1930, ils sont désormais largement concurrencés par la Chine et l'Italie. Peu nombreux, ils continuent à travailler avec la haute couture, l'ameublement et la décoration et proposent leurs productions qui méritent le détour.

LES NOUVELLES MATIÈRES

Les dernières entreprises textiles se sont adaptées à un nouveau marché en fabriquant de nouveaux matériaux (Kevlar, fibres de carbone, de verre, optique...) et des produits à haute valeur ajoutée (tissus techniques dans le domaine de l'aérospatiale, des recherches sur le génome du ver à soie...). Ainsi Lyon a-t-elle gardé sa place dans le domaine textile.

Carnet

PRATIQUE

Retrouvez toutes nos adresses localisées sur les cartes et plans grâce à un numéro coloré.

56	35	28
Restos	Bars	Boutiques

Le numéro renvoie à sa notice détaillée dans le chapitre concerné.

QUAND PARTIR ?

Lyon vit au rythme de ses festivals et grands événements (p. 16-17). En décembre, la célèbre Fête des Lumières attire près de quatre millions de visiteurs ! À cette occasion, les hôtels affichent complet et des tarifs prohibitifs. En juin, près de 100 000 spectateurs assistent aux Nuits sonores. Que vous aimiez l'animation ou préfériez un Lyon plus calme, regardez bien le calendrier. La basse saison s'étire de mi-juillet à fin août. Partis en vacances, les Lyonnais laissent une ville presque déserte en août et la plupart des boutiques sont fermées. L'été, les températures sont supérieures à la moyenne nationale, mais les averses ne sont pas rares ; l'hiver, lui, est sec et froid.

POUR Y ALLER

EN AVION

L'**aéroport Lyon-Saint-Exupéry,** situé à 25 km à l'est de Lyon, est relié à de nombreuses villes françaises, à commencer bien sûr par Paris, mais aussi Bordeaux, Marseille, Toulouse, Strasbourg, Metz-Nancy, Lille, Ajaccio, Limoges, Montpellier, Lorient, Rennes, Caen...

Aéroport Lyon-Saint-Exupéry, 69125 Colombier-Saugnieu
• ☎ 0826 800 826 (0,15 €/min)
• www.lyonaeroports.com

Air France propose des vols directs quotidiens depuis Paris et les grandes villes françaises.
☎ 36 54 • www.airfrance.fr

Hop ! dessert 17 destinations depuis Lyon (Biarritz, Bordeaux, Brest, Caen, Clermont-Ferrand, La Rochelle, Lille, Limoges, Marseille, Metz-Nancy, Montpellier, Mulhouse, Nantes, Pau, Poitiers, Rennes et Strasbourg) et propose des vols internationaux, dont Bruxelles.
☎ 0825 302 222 (0,35 €/min)
• www.hop.fr

Aircorsica relie Lyon à la Corse.
☎ 0825 35 35 35 • www.aircorsica.com

Brusselairlines propose uniquement des vols Lyon-Bruxelles.
☎ 0892 640 030 (0,34 €/min)
• www.brusselsairlines.com
Swiss vole notamment vers Zurich.
☎ 0892 232 501 (0.34 €/min)
• www.swiss.com
Easyjet relie Brest, Nice, Bordeaux, Biarritz, Nantes, Toulouse, Ajaccio et Bastia.
☎ 0820 420 315 • www.easyjet.com

EN TRAIN

Lyon possède deux gares en centre-ville, Perrache et Lyon Part-Dieu, toutes deux desservies par TGV et trains classiques : Paris-Lyon (2h), Lille-Lyon (3h), Marseille-Lyon (1h40), Bordeaux-Lyon (6h), et Bruxelles-Lyon (env. 3h30), pour des trajets en TGV et Ouigo. L'aéroport Lyon-Saint-Exupéry est aussi desservi par le TGV.
Infos et résas sur www.voyages-sncf.com.

EN VOITURE

Un grand réseau autoroutier relie Lyon aux plus grandes villes de la région : Paris est à 4h par l'A6 ; Marseille à 3h par l'A7 ; Toulouse à 5h par l'A7 et l'A9 ; Grenoble à 1h15 par l'A48. La Suisse et l'Italie sont proches : Genève est à 1h30 par l'A42 puis l'A40 et Turin est à 3h30 par l'A43. Sur place, sachez que Lyon propose une cinquantaine de parkings. Comptez environ 2 €/h pour y stationner votre véhicule. En dehors de ces parcs de stationnement, il n'est pas si facile de se garer dans le centre-ville et encore moins dans le Vieux-Lyon.

Bons plans Internet

Sur Internet, les promotions et les bonnes affaires sont fréquentes, et ce quelle que soit la période. Pour bénéficier des meilleurs tarifs, allez en priorité sur le site de l'hôtel choisi, puis consultez les sites comparatifs de prix tels que :
www.trivago.fr • www.hotels.com • www.booking.com

EN CAR

Eurolines propose cinq allers-retours quotidiens entre Paris et Lyon (comptez 6h30) et dessert au total une vingtaine de lignes depuis Lyon. Les temps de trajet sont certes un peu longs, mais les tarifs très compétitifs (Paris-Lyon à 19 € aller simple) et certains bus sont équipés du wifi.
☎ 0892 89 90 91 (0,35 €/min)
• www.eurolines.fr
Ouibus propose aussi des allers-retours entre Lyon et plusieurs grandes villes (Paris, Nîmes, Montpellier, Milan, Turin, Barcelone, Gérone...).
www.ouibus.com

DORMIR À LYON

QUEL QUARTIER ?

Les amoureux de l'architecture Renaissance opteront pour le

Vieux-Lyon au charme indéniable, mais les touristes y sont aussi plus présents. Le quartier de **Bellecour** a l'avantage d'être central, proche des métros, trams et bus et à deux pas des monuments, des musées et des boutiques de mode. Plus à l'écart, au sud de la Presqu'île, le quartier de la **Confluence** est en pleine mutation et plaira aux amoureux d'architecture contemporaine.

QUEL HÉBERGEMENT ?

Lyon offre plusieurs catégories d'hôtel : simple **auberge de jeunesse, boutique-hôtel, hôtel de charme, de luxe** et **d'affaires** à retrouver dans **notre sélection** (p. 193). Regardez aussi du côté de **www.housetrip.com** et **www.airbnb.fr** pour louer un bien de particulier à particulier.

TARIFS ET RÉSERVATIONS

La **saison basse hôtelière** s'étend de la mi-juillet à la fin août. En dehors de cette période, les prix ont tendance à baisser le **week-end,** en particulier dans les hôtels d'affaires et de catégorie supérieure. Par ailleurs, beaucoup d'hôtels proposent des **tarifs prépayés** intéressants (jusqu'à 40 € d'économie), mais le plus souvent non échangeables ni remboursables. L'**office de tourisme** de Lyon (p. 189) a des **offres promotionnelles** alléchantes, à l'image des **« Week-ends fous de Lyon »** comprenant la première nuit à plein tarif, la seconde à moitié prix avec petit déjeuner offert et la Lyon City Card à -50 % (p. 191). La période de la Fête des Lumières, en décembre, voit les prix des hôtels s'envoler. Un conseil général : prospectez, cela vaut vraiment la peine pour trouver un petit nid de rêve.

Comptez de 80 à 120 € pour les hôtels standards et de 120 à 380 € les hôtels et chambres d'hôte haut de gamme.

La plupart des hôtels ont leur propre centrale de réservation mais vous pouvez aussi passer par celle de l'office de tourisme (☎ 04 72 77 72 50) ou des sites plus généralistes qui bénéficient de tarifs préférentiels ou de promotions (voir encadré ci-contre).

Retrouvez notre sélection d'hôtels et de chambres d'hôtes p. 193.

SE DÉPLACER

DE L'AÉROPORT AU CENTRE-VILLE

En tram

Le tram **Rhônexpress** est le moyen le plus rapide pour relier l'aéroport Lyon-Saint-Exupéry au centre-ville (gare de Lyon-Part-Dieu, E3) avec un trajet de **29 min.** Le tram circule tous les jours de l'année de 4h25 à minuit (un tram tous les quarts d'heure entre 6h et 21h). Billet aller simple 15,90 € ; aller-retour 27,50 € (respectivement 13,20 et 23,30 € pour les 12-25 ans, gratuit pour les moins de 12 ans).

www.rhonexpress.fr

En navette

Elit est une société de transport spécialisée dans les liaisons entre Lyon et l'aéroport Lyon-Saint-Exupéry (dépose-minute du terminal 1). Vous pouvez choisir en toute liberté le lieu de la prise en charge (votre hôtel ou un lieu public) et opter soit pour la navette collective (jusqu'à 8 passagers), soit pour un véhicule privé. Du centre de Lyon, comptez environ 45 min de trajet et 34 € par personne (50 € la nuit). Réservation en ligne ou par téléphone.

☎ 06 19 97 05 96
• www.elit-transports.fr

SUR PLACE

En métro, tramway et bus

Le réseau des **Transports en commun lyonnais** (TCL) comprend 4 lignes de **métro** (A, B, C, D), 5 lignes de **tramway** (T1-T5), une centaine de lignes de **bus** et deux lignes de **funiculaire.** Métros et tramways fonctionnent **tous les jours de 5h à minuit** environ. Les lignes principales de bus à forte fréquence (C1 à C26) circulent de 4h50 à 0h30 environ. Les quatre lignes de **bus Pleine Lune** assurent le **service nocturne** au départ du centre-ville à 1h, 2h, 3h et 4h du matin les nuits des jeudis, vendredis et samedis.

Le **ticket à l'unité** (1,80 €) est valable sur l'ensemble du réseau TCL pendant 1h.

En revanche, le ticket à l'unité acheté à bord d'un bus n'est valable que pour celui-ci. Le **ticket Liberté 2h** (3 €) permet de circuler sans limite sur le réseau TCL pendant 2h, le **ticket Liberté 1 jour** (5,50 €) pendant 24h. Si vous comptez prendre les transports en commun de façon plus épisodique, optez pour le **carnet de 10 tickets** (16,20 €).

Si vous empruntez seulement le funiculaire, munissez-vous du **ticket Funiculaire** (2,80 €) valable pour un aller-retour toute la journée.

La carte Lyon City Card permet de combiner des voyages illimités à des accès aux musées (encadré p. 191).

☎ 04 26 10 12 12 • www.tcl.fr

À vélo

Les **Vélo'v** sont des **vélos en libre-service** accessibles tous les jours 24h/24 depuis de nombreuses stations à Lyon, Villeurbanne, Caluire et Vaux-en-Velin. Mis à part les montées de la Croix-Rousse et de Fourvière, c'est le meilleur moyen pour découvrir Lyon en général et les berges du Rhône en particulier.

Un **abonnement** (1 jour : 1,50 € ; 7 jours : 5 €) est nécessaire et se prend avec votre carte de crédit.

Attention : une caution de 150 € sera bloquée sur votre compte bancaire si l'abonnement est souscrit à une borne, ce qui n'est pas le cas lors d'un abonnement en ligne. Les 30 premières minutes de location sont toujours gratuites (60 min avec la Lyon City Card). Une fois cette durée dépassée, le coût du service sera débité sur votre compte bancaire : 1 € la 2e demi-heure, puis 2 € par demi-heure supplémentaire.

☎ 0800 083 568 (N° Vert)
• www.velov.grandlyon.com

En taxi

Lyon compte de nombreux taxis et une cinquantaine de stations (place des Terreaux, gare de Perrache, place Bellecour, place des Jacobins, gare de la Part-Dieu, bd de la Croix-Rousse, etc.). La prise en charge s'élève à 2 € ; une course de 5 km au tarif jour (7h-19h) devrait vous coûter 5,82 € (0,76 €/km). Un supplément de 1,62 € est appliqué pour un 4e passager ou pour une prise en charge en gare ou à l'aéroport.

Taxi Lyon : ☎ 04 72 10 86 86 • www.taxilyon.com

Taxi Lyonnais : ☎ 04 78 26 81 81 • www.taxilyonnais.com

Allo Taxi : ☎ 04 78 28 23 23 • www.allotaxi.fr

En Cyclopolitain

Joli nom pour ces **tricycles** à assistance électrique ! Ces triporteurs 100 % écologiques sont une sympathique alternative aux **taxis**. Fabriqués entièrement en France, ils n'émettent aucun CO_2. Pour le héler dans la rue, rien de plus simple : « Hep, cyclopolitain ! », mais vous pouvez aussi le réserver en ligne. Comptez 2 € par km et par personne et 2 €/5 min si vous souhaitez que votre chauffeur vous attende le temps d'une course.

☎ 04 78 30 35 90 • www.lyon.cyclopolitain.com

> **Loueurs de voitures**
>
> Plusieurs entreprises de location sont basées à Lyon et à l'aéroport Saint-Exupéry.
>
> **Europcar** (www.europcar.fr), **Hertz** (www.hertz.fr), **Rental Cars** (www.rentalcars.com), **Avis** (www.avis.fr)…

En vaporetto

Idéale pour se rendre du centre-ville à la Confluence, la **navette fluviale** dessert quatre arrêts : **Vaise** (quai Arloing), **Saint-Paul** (quai de la Pêcherie), **Bellecour** (quai des Célestins), **Confluence** (place Nautique). Le vaporetto circule tous les jours (4 avr.-31 déc.) si le Rhône le permet, de 10h à 21h30. Attention, la signalétique est très discrète. Comptez 9 min entre Saint-Paul et Bellecour et 14 min entre Bellecour et Confluence. L'achat des billets se fait à bord : aller simple 2 €.

☎ 0820 206 920 • http://confluence.fr/NotrenavetteVaporetto

À VOIR, À FAIRE

OFFICE DE TOURISME

Vous y trouverez toutes les informations sur les transports en commun, les musées, les restaurants, les hôtels et les manifestations culturelles. Vous pourrez aussi y réserver votre hôtel, un spectacle ou une visite guidée.

• **Office de tourisme et des congrès du Grand Lyon :** Pl. Bellecour (G8) • ☎ 04 72 77 69 69 et ☎ 04 72 77 72 50 • www.lyon-france.com • T. l. j. 9h-18h.

• **Espace Welcome Lyon-Rhône-Alpes :** Aéroport Lyon-Saint-Exupéry, Le Square (au centre des terminaux 1 et 2) • T. l. j. 6h-23h.

S'INFORMER

Le site Internet de l'office de tourisme et des congrès du Grand Lyon, **www.lyon-france.com,** est truffé d'informations sur la ville (histoire, musées et monuments, hôtels et restaurants, sorties, spectacles...). ***Collector,*** des adresses lyonnaises à collectionner, est un **guide papier gratuit** de l'office de tourisme réalisé avec My Little Lyon et Yelp Lyon. ***Le Progrès*** est le quotidien papier et Internet de la ville de Lyon et de sa région (www.leprogres.fr). ***Tribune de Lyon*** est un hebdomadaire papier et Internet sur l'actualité de la région lyonnaise (www.tribunedelyon.fr).
Le Petit Bulletin est un autre hebdomadaire papier, gratuit cette fois, avec une déclinaison sur Internet (www.petit-bulletin.fr), traitant de la culture et des loisirs (cinéma, théâtre, musique, expositions, soirées...). **My Little Lyon** (www.mylittlelyon.com) est un site qui présente de bonnes petites adresses lyonnaises. Enfin, **www.monweekendalyon.com** propose des newsletters hebdomadaires sur quatre idées de sorties culturelles et sportives pour

Lyon gratuit

Pour découvrir la ville comme un Lyonnais, rien ne vaut une **visite 100 % gratuite** avec un **Greeter.** Selon votre âge et vos goûts, un Lyonnais bénévole de 19 à 75 ans vous montre son quartier, ses rues préférées ou propose un itinéraire loin des sentiers battus (2h minimum). **www.lyoncitygreeter.com**
Le **zoo du parc de la Tête d'or** (p. 77) est gratuit, profitez-en pour découvrir la roseraie. L'entrée au **Musée gallo-romain** (p. 25) est gratuite le jeudi. Plusieurs **événements gratuits** rythment l'année lyonnaise. Le **festival Tout l'monde dehors** (www.tlmd.lyon.fr) en est un bel exemple, comme le **défilé de la Biennale de la danse** (www.labiennaledelyon.com). Enfin, l'**Auditorium de Lyon** (p. 141), l'**Opéra national de Lyon** (p. 131) et le **Ninkasi** (p. 143) proposent régulièrement des concerts gratuits.
Avis aux Marseillais ! Grâce à une coopération entre Lyon et Marseille, une **gratuité** est accordée aux Marseillais (sur présentation d'une carte d'identité ou d'un justificatif de domicile à Marseille) pour le **musée des Beaux-Arts** (p. 58), le **musée d'Art contemporain** (p. 78), les **musées Gadagne** (p. 36), le **musée de l'Imprimerie** (p. 60), le **Centre d'histoire de la Résistance et de la déportation** (p. 81) et le **musée de l'automobile Henri-Malartre** (645, rue du Musée, Rochetaillée-sur-Saône, ☎ 04 78 22 18 80, www.musee-malartre.com).

Lyon City Card

Valable 1, 2 ou 3 jours, la **Lyon City Card** est le pass indispensable pour profiter à moindre coût de toutes les attractions touristiques de Lyon. Elle permet d'accéder aux **musées, expositions temporaires, activités** et **spectacles** en plus d'offrir l'accès gratuit et illimité à l'ensemble du réseau de **transports en commun** de toute l'agglomération. Pour 3 € de plus, les visiteurs peuvent également utiliser les **Vélo'v** (vélos lyonnais en libre-service) pendant 3 jours. Chaque Lyon City Card est accompagnée de son **miniguide** qui précise les horaires d'ouverture et les itinéraires pour chaque attraction incluse. Il est également muni d'un plan où sont localisées celles-ci ainsi que les lignes de métro et tramways. Choisissez la carte qui vous convient parmi les **trois durées différentes :** 1 jour : 24 €, 2 jours : 33 €, 3 jours : 42 € (moins cher en ligne). Des tarifs réduits existent pour les enfants et les étudiants. En vente à l'office de tourisme et des congrès du Grand Lyon et sur www.lyoncitycard.com

les week-ends.

HORAIRES

En règle générale, les édifices religieux sont ouverts tous les jours, avec cependant des restrictions, en particulier le dimanche. Les musées publics sont habituellement fermés le lundi, parfois le mardi et plus rarement ces deux jours.

VISITES GUIDÉES

L'**office de tourisme** (www.lyon-france.com) propose de nombreuses visites à pied, classiques, parmi lesquelles le Vieux-Lyon, Fourvière, les traboules... Vous pouvez aussi télécharger les **applications Traboules** (0,99 €) et **Murs peints de Lyon** (0,79 €) de Lyon Tourisme et Congrès ou **Les Murs Peints de Lyon et d'ailleurs** de Mon Univert (0,89 €), toutes disponibles uniquement sur les systèmes IOS (iPhone, iPad).

En bus, en bateau

Lyon City Tour vous permet de voir la ville du haut d'un bus à étage et de monter et descendre quand vous le désirez aux principaux sites (Bellecour, Notre-Dame de Fourvière, place des Terreaux...).
☎ 04 78 56 32 39 • www.lyoncitytour.fr • Ticket plein tarif : 19 €.

Lyon City Boat offre un coup d'œil rafraîchissant sur la ville à bord d'un bateau-mouche sur la Saône ou sur le Rhône.
☎ 04 78 42 96 81 • www.lyoncityboat.com • Promenade découverte 1h : 12,50 €.

Adresses et numéros utiles

- **Police :** ☎ 17
- **Pompiers :** ☎ 18
- **Samu :** ☎ 15
- **Sos médecins :** ☎ 04 78 83 51 51
- **Sos dentistes :** ☎ 04 72 11 03 61
- **Pharmacie :** Grande pharmacie lyonnaise : 22, rue de la République (B2), M° Cordeliers, ☎ 04 72 56 44 14, t. l. j. 24h/24
- **Opposition carte bancaire :** Service interbancaire : ☎ 0892 705 705 American Express : ☎ 01 47 77 72 00
- **Renseignements téléphoniques :** Pages Jaunes : ☎ 118 008 (gratuit par SMS)
- **Objets trouvés :** 65, rue du Bourbonnais (HP par A2), M° Valmy, ☎ 04 78 47 72 89, www.lyon.fr, lun.-ven. 9h30-16h30, sam. 9h30-12h (f. sam. juil.-août).

Insolites

Le Brélon de Lyon est une façon de découvrir la Croix-Rousse – on peut pousser jusqu'à Bellecour – en Solex ! Un p'tit air vintage, les cheveux au vent et le sourire des passants... Une expérience très sympathique.
☎ 06 51 70 02 98 • www.lebrelondelyon.fr • **Voir p. 72.**

Cybèle propose d'« extraplorer » la ville au petit matin (8h15 !), en journée ou à l'apéro, un croissant au beurre ou un verre de vin à la clef. Les guides vous plongent dans le rôle de marchands du XVIe s. ou d'ouvriers de Villeurbanne des années 1930. Humour, bonne humeur et pages d'histoire garanties.
☎ 04 20 88 00 34 • www.cybele-arts.fr.

Visites d'Idées bouscule... les idées. Sur fond historique, deux joyeux bougres vous présentent le quartier de la Croix-Rousse. Verbe haut et mises en scène audacieuses sont au rendez-vous. Amusant.
www.ministeredesrapportshumains.com • **Voir p. 73.**

BUDGET

Lyon n'est pas Paris : il est encore possible de boire un café en terrasse pour 1,50 € ! Comptez de 6 à 12 € pour un musée ou une exposition temporaire, 5,20 € pour un pass transport à la journée, 20 à 30 € un menu déjeuner dans un bouchon, environ 10 € un cocktail dans un bar et 24 € une place au TNP de Villeurbanne (p. 143).

Nos hôtels PAR QUARTIER

Fourvière (Quartier 1 - p. 22)

FOURVIÈRE HÔTEL

Dans l'ancien couvent de la Visitation, des cellules monacales relookées en chambres design portant toutes le nom d'un Lyonnais célèbre. Sublime bassin avec vue sur Lyon et cuisine traditionnelle au restaurant Les Téléphones (p. 99).
23, rue Roger-Radisson (A3) • M° Vieux-Lyon, puis funiculaire 2, arrêt Fourvière • ☎ 04 74 70 07 00 • www.fourviere-hotel.com • À partir de 130 € ; petit déjeuner : 20 €.

LE GOURGUILLON

Dans une demeure médiévale, neuf chambres toutes différentes mêlant déco design et classique.
46, montée du Gourguillon (F8) • M° Vieux-Lyon, puis funiculaire 1, arrêt Minimes • ☎ 06 66 66 11 17 • www.legourguillon.fr • 200-385 € ; petit déjeuner : 19 €.

Saint-Jean (Quartier 2 - p. 30)

MAISON HAND

Coup de cœur pour ces appartements à louer, sortis tout droit d'un magazine de déco. Pas bien grands mais cosy à souhait. Un « kit » petit déjeuner est prévu.
104, rue Saint-Georges (F8) • M° Vieux-Lyon, Bellecour • ☎ 04 78 37 05 92 • www.maison-hand.com/appartements-hotes • 120 € (2 nuits minimum).

COLLÈGE HÔTEL

Dans cet hôtel de 40 chambres décoré sur le thème de l'école des années 1930, le petit déjeuner se prend dans la salle de classe, sur le bureau du prof ou sur la terrasse !
5, pl. Saint-Paul (F6) • M° Vieux-Lyon • ☎ 04 72 10 05 05 • www.college-hotel.com • 130-160 € ; petit déjeuner : 14 €.

La Confluence (Quartier 4 - p. 46)

NOVOTEL

Sorti de terre en 2012, cet hôtel propose 150 cocons modernes. Demandez une chambre côté Saône.
3, rue Paul-Montrochet (B5) • Tram 1, arrêt Hôtel-de-Région-Montrochet

• ☎ 04 37 23 64 00 • www.accorhotels.com • 160-295 € ; petit déjeuner : 15,50 € (offert aux moins de 16 ans).

La place Bellecour (Quartier 5 - p. 52)

GLOBE & CECIL

Ses 60 chambres au charme suranné, autrefois celles de prélats, sont meublées avec de l'ancien.

21, rue Gasparin (G8) • M° Bellecour • ☎ 04 78 42 58 95 • www.globeetcecilhotel.com • 123-275 € ; petit déjeuner : 18 € (offert lors d'une résa directe sur le site de l'hôtel).

LE ROYAL

Installé dans un angle de la place Bellecour, le palace joue la carte du service et de l'emplacement. Il accueille au rez-de-chaussée le restaurant de l'institut Paul-Bocuse, une belle adresse gourmande.

20, pl. Bellecour (G9) • M° Bellecour • ☎ 04 78 37 57 31 • À partir de 145 € ; petit déjeuner : 25 €.

Des Terreaux à la place des Jacobins (Quartier 6 - p. 56)

HOTEL CARLTON MGALLERY

Rénové avec peps et élégance, cet hôtel Art déco a toujours hébergé des artistes. Détail d'importance, l'hôtel dispose d'un Spa et d'un bar à ongles.

4, rue Jussieu (H7) • M° Cordeliers • ☎ 04 78 42 56 51 • www.sofitel.com • 195-350 € ; petit déjeuner : 24 €.

HÔTEL MERCURE LYON LES BEAUX-ARTS

Derrière la façade Art déco, l'hôtel a été rénové en 2014 dans un style contemporain mêlé à des inspirations des années 1930. La chambre Petit Prince comblera petits et grands enfants.

73-75, rue du Président-Édouard-Herriot (G7) • M° Cordeliers • ☎ 04 78 38 09 50 • www.mercure.com • 89-299 € ; petit déjeuner : 18,50 €.

SILKY HÔTEL

Un hôtel à l'insonorisation parfaite et aux attentions gourmandes à l'heure de l'apéritif. Chambres design et salles de bains au style rétro mais à l'équipement ultramoderne.

2, pl. Francisque-Regaud (G8) • M° Cordeliers • ☎ 04 78 37 17 17 • À partir de 80 € ; petit déjeuner : 9 €.

Les pentes de la Croix-Rousse (Quartier 7 - p. 64)

AWAY HOSTEL

Une auberge de jeunesse nouvelle génération au pied de la Croix-Rousse. Espaces communs spacieux, coffee-shop gourmand aux tarifs préférentiels pour les résidents.

21, rue Alsace-Lorraine (C2) • M° Croix-Paquet • ☎ 04 78 98 53 20 • www.awayhostel.com • À partir de 23 € le lit en chambre partagée ou 65 € la chambre privée.

Autour de la Guillotière et de la Part-Dieu (Quartier 10 - p. 80)

MAMA SHELTER

Décalé, décomplexé et décontracté. Le Mama Shelter bouscule les codes de l'hôtellerie. La décoration signée Philippe Starck se fait ludique avec ses murs graffés, sa luge posée dans l'entrée, ses bouées en plastique au-dessus du long bar dans le restaurant... Dans les chambres, des masques de super-héros se transforment en abat-jour. Mais ce qui rend le Mama Shelter unique, c'est cette brigade accueillante à la réception, sympathique et toujours souriante.

13, rue Domer (D4) • M° Jean-Macé • ☎ 04 78 02 58 00 • www.mamashelter.com/fr/lyon • 69-169 €.

HO36 - HOSTEL

Un ancien hôtel de passe devenu un repaire branché avec chambres intimes ou à partager, brunch incontournable et ambiance conviviale à l'heure de l'apéritif.

36, rue Montesquieu (C4) • M° Guillotière • À partir de 23 € le lit en chambre partagée ou 69 € la chambre privée ; petit déjeuner 5 €, brunch à 20 € le week-end.

Hors visite

COOL & BED

Posée sur les quais, cette auberge de jeunesse voit défiler des Américains, des Coréens, des Australiens... Un vrai tour du monde ! Comme sur ses portes, décorées de représentations des Sept Merveilles du monde.

32, quai Arloing (A2) • M° Valmy • ☎ 04 26 18 05 28 • www.coolandbed.com • Lit de 20 à 25 €. Dortoir de 6, 8 et 16 pers., draps et petit déjeuner inclus (grande serviette : 1 €).

Mots clés

CRÉDIT PHOTOGRAPHIQUE

Intérieur :

Toutes les photographies de cet ouvrage ont été réalisées par **Yoann Stoeckel,** à l'exception de celles des pages suivantes :

© Celest bar : p. 9 c., p. 107.
© Jacques Pierre / Hemis : p. 49.
L'Estanco du marché : © **pierrickservais** p. 118, © **Milk&Mint** p. 119.
Oscar les Puces : © **Alexandre Moulard** p. 122.
© Mamamia Pizza/Web starters : p. 123.
© Anne-Sophie Chatain-Masson : p. 124.
Mama Shelter Lyon : © **Emmanuelle Gillardo** p. 127 ht, p. 140.
Le Fantôme de l'Opéra : © **Sébastien Tixier** p. 127 b., p. 137.
La Maison : © **Stéphane Giochon** p. 130.
Aromo : © **pincealinge.fr** p. 132, p. 138.
© Le Cabanon : p. 146 ht.

Couverture :
Plat 1 : En haut : © martinm303/Agefotostock.
En bas, gauche : © Yoann Stoeckel
En bas, droite : © Jacques Pierre/Hémis.fr
Plat 4 : En haut : © Montico Lionel/Hémis.fr
En bas : © Yoann Stoeckel

Dernière édition revue et enrichie par **Anne-Sophie Chatain-Masson**.
Édition antérieure revue et augmentée Bérénice Debras.
Édition originale établie par Alix Delalande.

Direction : Nathalie Pujo
Direction éditoriale : Cécile Petiau
Édition : Marine Barbier-Blin, Eulalie Chantreux, Émilie Lézénès, Géraldine Péron, Adam Stambul, Julie Wood
Suivi éditorial : Coraline Borchiellini
Lecture-correction : Mélanie Rebillaud
Ont également collaboré à cet ouvrage : Emmanuelle Fernandez, Marion Carvalho, Louise Broyer, Clémence Coulaud, Marie Rodriguez
Cartographie : Frédéric Clémençon, Aurélie Huot, Thomas Dequeker
Fabrication : Rémy Chauvière

Conception graphique de la couverture et de la maquette intérieure : Caroline Joubert • www.atelier-du-livre.fr
Mise en pages intérieure : Chrystel Arnould

Contact presse : rmazef@hachette-livre.fr - ☎ 01 43 92 36 66.
Contact publicité : vhabert@hachette-livre.fr - ☎ 01 43 92 32 52.

Aussi soigneusement qu'il ait été établi, ce guide n'est pas à l'abri des changements de dernière heure, d'erreurs ou omissions. Ne manquez pas de nous faire part de vos remarques. Informez-nous aussi de vos découvertes personnelles, nous accordons la plus grande importance au courrier de nos lecteurs :
Guides Un Grand Week-end - Hachette Tourisme - 58, rue Jean-Bleuzen, 92 170 Vanves
weekend@hachette-livre.fr
Facebook @UnGrandWeekend • **Twitter** @ungrandweekenda • **Instagram** @ungrandweekend

Édité par Hachette Livre (58, rue Jean-Bleuzen, CS 70007, 92 178 Vanves Cedex)
Imprimé par Polygraf (Capajevova 44, 08199 Presov, Slovaquie)
Achevé d'imprimer : juin 2017
ISBN : 978-2-01-396142-4 82-9776-2
Dépôt légal : juin 2017 - Collection n°44 - Édition : 01